Collection Les Maîtres de la Nouvelle Pensée

Les Masterclass

❧ ❧ ❧ ❧ ❧

Cinq Leçons

Le cours pratique 1948

de Neville Goddard

Titre original *« Five Lessons »*

Traduit de l'anglais par Gipsy Paladini

Emblème figurant sur les couvertures de livres de Neville Goddard

Œil placé sur un cœur, à son tour, placé sur un arbre rempli de fruits.
Tel un homme pense dans son cœur, tel il est

MASTERCLASS 1948

NEVILLE GODDARD

La Voix de Soie

© Editions La Voix de Soie
lavoixdesoie@gmail.com
Première publication novembre 2023
Dépôt légal : D/2023/1000000918696
I.S.B.N. : 978-2-493306-26-5

Table des matières

Œuvres de l'auteur

- A vos ordres (1939 ; Goddard Publications)

- Votre foi est votre fortune (1941 ; Goddard Publications)

- La liberté pour tous – Une application pratique de la Bible (1942 ; Goddard Publications)

- L'émotion est le secret (1944 ; Goddard Publications)

- La prière – L'art de croire (1946 ; Goddard Publications)

- Hors de ce monde (1949 ; Goddard Publications)

- Le pouvoir de la conscience (1952 ; inconnu)

- L'imagination créative (1952 ; Goddard Publications)

- L'éveil de l'imagination (1954 ; G. & J. Publishing Co.)

- Semence et Récolte (1956 ; G. & J. Publishing Co.)

- Je connais mon Père (1960 ; G. & J. Publishing Co.)

- La Loi et la Promesse (1961 ; G. & J. Publishing Co.)

A propos de la traductrice

Gipsy Paladini est une auteure adulte et jeunesse, une éditrice – les Imaginants – (vous trouverez ses livres sur Amazon), et une grande voyageuse.

Fascinée par l'humanité, elle a toujours apprécié la philosophie et la psychanalyse comme moyen de comprendre l'esprit humain. N'ayant aucune formation religieuse, elle n'a jamais cherché l'explication des « évènements exceptionnels » observés dans son existence dans les livres religieux, sans toutefois dénier qu'il y a quelque chose de divin dans ceux-ci.

Sa rencontre avec la Nouvelle Pensée s'est faite lors de la traduction d'un livre de Goddard, qui a entièrement bouleversé sa vision. Elle avait déjà, sans le vouloir, appliqué les principes de la Nouvelle pensée… avec des résultats stupéfiants.

Quelle heureuse surprise ce fut pour Gipsy Paladini de découvrir qu'il existait une « méthode » qui pouvait être appliquée à notre bon vouloir ! Dès lors, fervente adhérente à la pensée, et fascinée par Goddard, elle traduit ses écrits et s'efforce d'apprendre à maîtriser la méthode enseignée par le Maître.

Note de l'éditeur

Chère lectrice, Cher lecteur,

Devant le succès rencontré par notre publication de « L'imagination crée la réalité, L'émotion est le secret », et pour le bénéfice de ses étudiants, nous avons voulu publier une seconde œuvre maîtresse de Neville Goddard, approfondissant sa technique de visualisation créatrice, cette fois sous la forme d'une retranscription de cours pratiques, tels qu'il les a enseignés en direct à ses étudiants de 1948.

Ce livre retranscrit avec fidélité l'intégralité de la série, incluant les questions et réponses, tels qu'ils ont été enregistrés et transmis par ses étudiants fervents. A la différence de ses œuvres écrites, cette œuvre issue d'une transmission orale, permet aux lecteurs d'aujourd'hui de ressentir l'expérience de la forte présence et puissance de conviction du grand mystique moderne, qui alterne ici avec art, récits allégoriques bibliques, interprétations métaphysiques, techniques détaillées et encouragements.

Neville Goddard nous a laissé un héritage inestimable, demandant simplement que nous fassions vivre son œuvre en l'appliquant pour nous-mêmes et ceux que nous souhaitons aider, en vue de créer un monde plus harmonieux.

Que la foi en vous-même et en votre imagination créative soit votre alliée de chaque instant, vous conduisant vers des niveaux d'épanouissements toujours plus profonds, vous procurant paix intérieure, santé et prospérité durables.

La Voix de Soie

Biographie de Neville Goddard

:: vii ::

Neville Lancelot Goddard est né le 19 février 1905, dans une famille anglaise, de classe moyenne, installée à St Mickael, à la Barbade, dans les Antilles britanniques.

Neville est le quatrième enfant d'une fratrie de neuf garçons et une fille. Son enfance a été heureuse.

Le jeune Neville est curieux, assoiffé de culture et d'érudition, il dévore les livres, de la philosophie occidentale à la spiritualité orientale. Il est particulièrement fasciné par l'œuvre du poète William Blake dont la foi est exprimée avec une force allant bien au-delà des conventions religieuses.

Le jeune Neville aspire à de plus grands horizons, au-delà de sa petite île aux possibilités limitées. Enfin, sa soif de connaissance, de réussite, le conduiront à tenter le rêve Américain.

En 1922, à 17 ans, il rejoint le continent nord-américain et s'établit à New York pour étudier l'art dramatique. Il entame alors une carrière de danseur de vaudeville et d'acteur à Broadway, voyageant avec les troupes de danse au fil de tournées en Amérique et en Angleterre. Il mène une vie plutôt précaire qui l'oblige à travailler parfois comme liftier et manutentionnaire, en particulier pendant la crise de 1929. Ce qu'il gagne « est dépensé au cours du mois suivant ». Sa vie d'artiste durera une douzaine d'années. Bien qu'il n'ait pas réussi sa carrière de comédien, ces années passées à endosser divers rôles, s'appropriant les personnages et les situations, a été un entraînement crucial qui posera les fondations solides à sa technique de visualisation créative, qui est au cœur de son enseignement.

Neville Goddard rencontre sa première femme à cette époque, avec laquelle il aura un fils prénommé Joseph.

Parmi les dates marquantes qui ont orienté Neville vers l'étude de la métaphysique, on notera l'année 1925. Cette année-là, à l'occasion d'une tournée de danse en Angleterre, il fait la connaissance d'un Écossais qui l'initie à la métaphysique. Ce dernier lui prête une série de livres sur les facultés du mental.

Puis en 1929, la crise ayant obligé les théâtres de New York à fermer, Neville se retrouve sans emploi ce qui lui laisse tout loisir de se concentrer sur les questions spirituelles et métaphysiques. Un sujet qui passionne Neville, au point de finir, en 1932, par supplanter définitivement la danse.

L'année 1931 fut, elle, cruciale, puisque que Neville rencontre celui qui deviendra son mentor : un rabbin enturbanné d'origine éthiopienne, nommé Abdullah. Ce dernier a également eu comme étudiant Joseph Murphy et a été un sujet d'inspiration pour Carlos Castaneda, lui-même fasciné par Neville Goddard.

Dans ses conférences, Neville fait souvent mention de cette rencontre, dévoilant la forte personnalité de son mentor :

> *« Je me souviens de la première nuit où j'ai rencontré Abdullah. J'avais volontairement retardé ma venue à l'une de ses réunions parce qu'un homme dont le jugement ne m'inspirait pas confiance avait insisté pour que j'y assiste.*
>
> *À la fin de la réunion, Abdullah s'est approché de moi, m'a tendu la main et m'a dit : « Neville, tu as six mois de retard ». Je n'avais jamais vu cet homme auparavant et j'ai demandé : « J'ai six mois de retard ? Comment me connaissez-vous ? » et il m'a répondu : « Les frères m'ont dit que tu allais venir et tu as six mois de retard. »*

Il apprend également que le séjour prolongé d'Abdullah dans cette région s'expliquait par le fait que « les frères » mentionnés par Abdullah lui avaient signifié le devoir strict de ne pas partir avant d'avoir transmis à Neville toutes les vertus et tous les enseignements.

Neville ajoute à son sujet :

« Il est né en Afrique du Nord, de parents juifs orthodoxes dont il a reçu une éducation très stricte. Mais il connaissait mieux le christianisme que tous ceux que j'ai rencontrés, car il parlait parfaitement la langue hébraïque. Il parlait également d'autres langues.

Et lui et moi avons discuté, jour après jour, pendant plus de cinq ans, m'enseignant tout ce qu'il pouvait m'enseigner et que je pouvais absorber.

Je sais qu'à New York, avant la loi sur les droits civiques, aucun homme de couleur ne pouvait se rendre au guichet et acheter une place à l'orchestre. Il fallait s'asseoir au balcon. Vous pensez peut-être qu'Abdullah m'aurait laissé acheter les places ? Non. Abdullah se rendait directement au guichet — et il était noir — et il disait : « Je veux deux places au centre. Je ne veux pas être trop en arrière. Pas au-delà de la sixième rangée. Au centre. »

- « Oui, monsieur. »

Il achetait les deux places. Pour n'importe quel spectacle. »

Sous la tutelle d'Abdullah, durant ces 5 années, outre l'apprentissage de l'hébreu et l'initiation à la Kabbale, Neville reçoit de riches enseignements sur le sens symbolique caché des Ecritures.

C'est Abdullah qui lui enseigne la Loi : le secret de la créativité mentale : l'homme doit assumer mentalement et émotionnellement que son vœu est déjà réalisé, jusqu'à sa manifestation dans le monde physique. Il le guidera durant son premier exercice pratique de manifestation créative : « Tu es à la Barbade ! »

A 19 ans, Neville et sa femme se séparent après la naissance de leur fils. Il vivra seul jusqu'à ce qu'il rencontre sa seconde femme, 16 ans plus tard, dans les années 1930. De cette union naît une fille prénommée Victoria ou « Vicky ».

Dans une conférence, il proclame et raconte comment il a « manifesté » sa femme.

Marié à 18 ans, séparé à 19, le divorce n'avait jamais été prononcé. Son épouse refusant de divorcer, Neville raconte n'avoir engagé aucune action, s'être retiré en lui-même, et tout en dormant physiquement seul (à l'hôtel à l'époque), il s'imaginait être dans un appartement avec sa femme à ses côtés. Nuit après nuit, il dormait en pensant qu'il était heureux en ménage avec la femme qu'il aimait près de lui.

Au bout d'une semaine, il est convoqué au tribunal car sa femme avait été prise en flagrant délit de vol dans un magasin. Neville la défend, elle échappe aux poursuites, et reconnaissante d'avoir été sincèrement soutenue, elle signe la demande de divorce.

En 1942, Neville a 38 ans, la guerre mondiale fait rage, et il est enrôlé dans l'armée américaine avec l'obligation de servir pendant toute la durée de la guerre. En raison de ses obligations de père de famille, de son âge, il souhaite être réformé mais uniquement avec un motif honorable. S'étant familiarisé avec le pouvoir de l'imagination, Neville a affirmé s'être libéré de cette contrainte militaire grâce à sa vision mentale. Il s'imaginait vivre chez lui, ouvrir ses fenêtres, regarder la rue, visualisant les pavés en détails, dormir dans son lit, nuit après nuit. Son dossier militaire montre que quatre mois plus tard, en mars 1943, il est « libéré du service pour prendre un emploi dans une industrie essentielle en temps de guerre ». Réformé, il obtient de surcroit la double nationalité américaine grâce à son service militaire.

Ce fait est à relater car plutôt hors du commun : en pleine guerre mondiale, démobiliser un homme jeune et en bonne santé est de l'ordre de l'improbabilité…Neville reprend son activité « essentielle en temps de guerre » en voyageant à travers les Etats-Unis, multipliant les conférences et les cours.

En 1952, Neville s'installe définitivement à Los Angeles, où il assure une série d'émissions télévisées et radiophoniques ainsi que des conférences face à des salles combles au théâtre Wilshire Ebel et Town Hall. Il limitera dès lors ses déplacements aux villes de Los Angeles, San Francisco et New York. Cette période le mène à l'apogée de sa notoriété, ses livres ayant permis de toucher un plus vaste public, hors du périmètre restreint de ses conférences.

Neville est l'auteur de 12 livres qui seront traduits dans le monde entier et a conduit des centaines de conférences, enregistrées par ses étudiants dévoués et, pour beaucoup, diffusées librement avec son accord. Lui-même n'a jamais souhaité enregistrer ses interventions publiques.

Le 1er octobre 1972, Neville Goddard s'est éteint à son domicile à l'âge de 67 ans. Une mort qu'il avait prophétisée et qu'il a accueillie sereinement, léguant à la postérité des enseignements libres de droits pour créer une vie meilleure à quiconque souhaite les appliquer.

Il est enterré au cimetière de Westbury, à Saint-Mickael, à la Barbade.

<u>Index de définitions (Le Robert) des mots choisis par Neville Goddard</u>

<u>Assomption</u> :   éthymologie assumere « prendre avec soi ». Fait d'assumer

<u>Assumer</u> :   Prendre à son compte. Accepter consciemment
(une situation, un état psychique).

<u>Contempler</u> :   Considérer attentivement ; s'absorber dans l'observation de.

PRÉFACE

Enseignement et Technique

L'imagination crée la réalité.
« Il ne s'agit pas d'une pure fantaisie, mais d'une
vérité que vous pouvez prouver par l'expérience ».
- Abdullah -

Il est intéressant de se demander pourquoi les enseignements de Neville fascinent tant à une époque où ce discours est relativement nouveau, où l'on ne parlait pas encore de physique quantique, où la science de la Nouvelle Pensée était quelque peu considérée comme une science religieuse, s'appuyant essentiellement sur la Bible, et plus particulièrement orientée vers des buts de guérison (Ernest Holmes, Norman Vincent Peale, Charles Fillmore, Elizabeth Towne et bien d'autres).

Certainement la pierre angulaire de l'enseignement de Neville y est pour beaucoup : l'imagination crée la réalité. En effet, elle répond au désir inhérent à chaque être humain de contrôler les circonstances de sa vie, plutôt que d'en subir les vicissitudes. Ce pouvoir de l'imagination dont chaque individu est maître, lorsqu'il est exercé de manière correcte, donne des résultats à la précision 'miraculeuse', rendant à chacun exactement ce qu'il a investi dans cet effort imaginal, éliminant définitivement de la vie de celui qui l'applique toute forme d'incertitude.

De plus, ce qui distingue Neville, est son attention particulière à l'application pratique de ces principes de créativité mentale. Il enseignera sa technique, avec constance et sans changements pendant près de 40 ans, persistant dans la tâche qu'il s'est attribuée d'enseigner aux hommes et femmes du monde moderne à s'approprier cette loi, à démontrer, par l'expérience, qu'ils ne sont pas les acteurs passifs de leur vie, mais qu'en eux réside un vrai pouvoir qui fait d'eux les co-créateurs actifs de leur vie.

Ses ouvrages et ses conférences donnent maints témoignages de réussite de ses étudiants qui ont appliqué ses techniques.

L'enseignement de Neville Goddard repose sur le fondement que la Bible n'est pas une compilation de récits historiques mais une succession de leçons allégoriques destinées à transmettre les principes de « l'imaginisme » (mécanisme par lequel l'imagination influence la réalité) à une population simple et sans instruction.

Neville Goddard a toujours professé que cette théorie n'engageait que lui et n'était nullement destinée à interférer avec la foi établie. Elle peut être considérée par tout un chacun comme un second point de vue, une autre interprétation possible des écrits bibliques.

Ces postulats ont éveillé de vives controverses mais aussi un immense intérêt et une grande curiosité de la part du public qui ne s'est jamais démentie.

L'enseignement est fondé sur deux piliers : la Loi et la Promesse.

✦ La Loi

Du début de son enseignement, au milieu des années 30,

jusqu'aux années 1950, les cours de Neville portent uniquement sur la Loi de l'Assomption, la nécessité d'assumer le vœu réalisé, pour pouvoir créer une nouvelle réalité. C'est le lien qui connecte le mental avec la matière. L'imagination ne serait pas uniquement une faculté créative, mais une force de transformation : ce que l'on imagine avec une émotion intense devient la réalité.

La réalité, ce monde physique, est la manifestation de ce monde intérieur.

Selon Neville, le sentiment d'un souhait exaucé n'est pas une simple rêverie ou une pensée fantaisiste, mais un acte mental discipliné qui nécessite de l'imagination, de la concentration et un investissement émotionnel. Assumer une réalité signifie vivre dans l'état du vœu réalisé, émotionnellement, mentalement et même physiquement. C'est alors que l'univers se réaligne pour manifester cet état assumé.

✦ La Promesse

La promesse, qui nécessite parfois une vie de travail intérieur pour être réalisée, est la fin ultime, où, la matérialité dépassée, la réalisation spirituelle est parachevée.

Suite à des expériences mystiques de méditation, relatées dans son dernier livre La Loi et la Promesse (1961), Neville Goddard y dévoile la Promesse, l'union avec le soi divin, but ultime de l'homme.

Tandis que la Loi est liée au fonctionnement de la vie matérielle, la Promesse dépasse le plan matériel, et promet l'éveil et l'illumination. C'est l'ultime expérience spirituelle promise dans les Ecritures.

Pour Neville la Loi et la Promesse ne sont pas antinomiques. Elles sont liées.

Ces deux piliers de l'enseignement de Goddard l'ont classé parmi les mystiques modernes, philosophes et maîtres du développement personnel.

Principes et technique

« La différence entre SE SENTIR au cœur de l'action, ici et maintenant, et projeter son image dans l'action comme sur un écran de cinéma, est toute la différence entre le succès et l'échec. »
- Neville Goddard -

Du début à la fin de son enseignement, Neville n'a jamais fait autre chose que mettre l'emphase sur son application pratique, seule manière de prouver sa fiabilité.

Voici un résumé des principes sur lesquels se base la technique qu'il a enseignée, de façon simple, accessible à tous, et aisément praticables dans la vie quotidienne.

✦ L'Imaginisme

La pierre de fondation de sa technique. L'imagination est plus qu'une faculté de l'esprit, c'est le pouvoir intérieur de l'homme, le seul créateur de sa réalité. Neville suggère que cette imagination est Dieu en l'homme. Grâce à son imagination, l'homme peut créer n'importe quelle réalité qu'il est capable d'imaginer.

L'imagination crée la réalité, commencer par la fin.

Imaginer son vœu déjà réalisé (lieux, détails, couleurs, bruits, ressenti physique et émotionnel).

En garder une action unique, un 'acte imaginal', qui suit la réalisation matérielle (par exemple, pour un mariage désiré, montrer son alliance à des amis ou se voir en train de la faire tourner autour de son doigt).

Repasser l'acte en boucle dans son imagination avec tous ses détails et les sentiments qui l'accompagnent, jusqu'à ce qu'un sentiment d'évidence et de naturel s'installe en soi. Persister jusqu'à la réalisation.

« Faites de votre rêve futur une réalité présente en assumant le sentiment du rêve réalisé ».

✦ La loi de l'Assomption

Le pivot central de son enseignement : Assumer le sentiment que le désir est réalisé. Vivre avec l'émotion qui serait la sienne si c'était fait. Refuser de voir et sentir autre chose jusqu'à la concrétisation matérielle absolue.

Le fait d'assumer le sentiment, l'émotion du désir déjà atteint met fin à ce désir (synonyme de non satisfaction de l'état actuel) ; il ouvre le champ des possibles et permet la transformation du monde extérieur, lequel s'alignera avec cette nouvelle image intérieure. Lutter contre les éléments extérieurs ne fait que renforcer et perpétuer les obstacles.

« On n'attire pas ce que l'on veut, mais ce que l'on est ».

✦ L'État Proche du Sommeil (EPS)

L'esprit indiscipliné a du mal à assumer un état qui est nié par les sens.

Neville recommande vivement l'EPS : l'État Proche du Sommeil, état de demi-sommeil, ou méditatif, lieu de rencontre du conscient et subconscient. Moment où, le mental écarté, le subconscient, en charge de la manifestation, reçoit les impressions directes transmises par nos émotions.

Dans une position de relaxation, allongée ou semi-allongée, se laisser partir dans un état de demi-sommeil, et dans cet état de lâcher-prise, revivre physiquement et émotionnellement la scène « en technicolor ».

La scène doit être courte pour éviter la dispersion de l'esprit.

Puis s'endormir avec cette dernière image qui ira tout droit « dans l'atelier du potier ».

« Le sommeil recèle l'acte créateur alors que le monde objectif le révèle ».

✦ Le détachement et le lâcher-prise

Le détachement peut suivre une fois les deux phases fidèlement accomplies (Acte imaginal du vœu réalisé et répétition en EPS), grâce auxquelles le sentiment de naturel est atteint, le ressenti de la normalité du nouvel état obtenu.

Il convient de laisser l'univers s'ordonner, le subconscient orchestrer la manifestation de l'assomption dans le monde matériel. Se poser des questions sur le délai d'attente, vérifier constamment les résultats obtenus, ne peut que suggérer le manque de certitude dans la réalité de la création mentale.

« Osez croire en la réalité de votre assomption et observez le monde jouer son rôle quant à son accomplissement ».

✦ L'Art de la révision

Cette technique a le pouvoir de libérer des impressions négatives du passé, que ce soit pour des événements qui se sont produits il y a de nombreuses années ou seulement la veille.

Les souvenirs choisis sont transmutés vers un nouveau champ des possibles, mettant fin aux conséquences négatives qu'ils génèrent dans le présent ou pourraient générer en étant continuellement ressassés dans l'esprit.

Pour une situation préoccupante de la journée, par exemple, rejouer la séquence des événements dans l'esprit, non comme ils se sont déroulés, mais comme vous auriez voulu voir les choses se passer.

Quel que soit le degré de scepticisme quant à la technique, elle apporte indéniablement un soulagement psychologique, la libération d'un état émotionnel, permettant de maîtriser les émotions pour assurer un avenir conforme à la réalité voulue.

« Tout ce qui se passe dans votre monde est la parfaite projection de vous-même. »

✦ **Le dialogue intérieur**

Neville part du principe que le dialogue intérieur de l'individu joue un rôle crucial dans ce qui se concrétise dans son monde.

En conséquence, il recommande vivement de « chasser » toute pensée négative, quelle qu'elle soit, dès qu'elle apparaît, et de la remplacer par une affirmation contraire positive.

Il recommande également de conduire en imagination des conversations avec des gens qui confirment l'état voulu.

Par exemple, en cas de situation négative au travail, comme un refus de promotion, ne pas ressasser la déception. Imaginer immédiatement, sans attendre, les collègues ou amis, conjoints, vous félicitant pour votre promotion. Ressentir la joie, serrer réellement les mains tendues pour vous féliciter, imaginer chaque détail et le vivre vraiment.

« Changez la conception que vous avez de vous-même et vous changerez automatiquement le monde dans lequel vous vivez. N'essayez pas de changer les gens ; ils ne sont que des messagers qui vous disent qui vous êtes. Revalorisez-vous et ils confirmeront le changement. »

✦ **Les affirmations : le *Je Suis***

Pour transmuter le dialogue interne négatif, particulièrement la critique personnelle, Neville utilise la méthode du : Je suis…. inspirée de la Bible.

Une fois digérées par le subconscient, ces nouvelles affirmations supplantent définitivement toute forme de négativité dirigée contre soi-même ou une situation (peur, haine, dégoût, regret…).

Il suffit d'associer au Je suis, toute qualité que l'on souhaite acquérir, ou état non désiré que l'on souhaite remplacer.

Répétées avec conviction, seules ou conjointement avec l'une ou l'autre des autres techniques, elles ont la capacité de provoquer les changements désirés.

Exemples : Je suis talentueux(se) (et non pas j'ai du talent), Je suis en bonne santé, je suis tellement heureux(se), etc…

« Ce que l'on a le sentiment d'être prédomine toujours sur ce que l'on voudrait être ; par conséquent, pour se réaliser, le souhait doit être ressenti comme déjà réalisé, plutôt que comme un état non-réalisé. »

« *Je vous dis que l'imagination crée la réalité*
et je vous demande d'imaginer un état,

n'importe quel état qui impliquerait la réalisation de votre désir.

Ce que pensent les autres n'a pas vraiment d'importance ;

c'est ce que Vous pensez qui compte pour vous !

Si vous créez une scène qui implique la réalisation de votre désir,

et que vous vous y immergiez jusqu'à ce que vous ayez la conviction intérieure
qu'elle est réelle,

qu'importe ce que pensent les autres ? »

- NEVILLE -

LEÇON 1

La conscience est la seule réalité

Ce cours se veut très pratique. C'est pourquoi j'espère que vous, les participants, avez une idée claire de ce que vous désirez, car je suis convaincu que vous pourrez réaliser vos désirs grâce à la technique que je vous communiquerai cette semaine au cours de ces cinq leçons.

Afin que vous puissiez bénéficier pleinement de ces instructions, permettez-moi de préciser que la Bible ne fait aucunement référence à des personnes ayant jamais existé, ni à des événements s'étant produit sur terre.

Les anciens conteurs n'écrivaient pas l'histoire, mais une leçon allégorique de certains principes fondamentaux, qu'ils revêtaient de l'habit de l'histoire, et ils adaptaient ces histoires à la capacité limitée d'un peuple à la fois peu critique et crédule.

Au cours des siècles, nous avons pris à tort les personnifications pour des personnes, l'allégorie pour l'histoire, le véhicule qui transmettait l'instruction pour l'instruction, et le premier sens brut pour le sens ultime voulu.

La différence entre la forme de la Bible et sa substance est aussi grande que la différence entre un grain de maïs et le germe de vie qu'il renferme. Tout comme nos organes digestifs font la distinction entre les aliments pouvant être ingérés dans notre système et ceux devant être rejetés, nos facultés intuitives éveillées découvrent, sous l'allégorie et la parabole, le germe de vie psychologique de la Bible ; et, nous nourrissant de ce germe, nous rejetons aussi la forme qui transportait le message.

L'argument contre l'historicité de la Bible est trop long ; il n'a pas sa place dans cette interprétation psychologique pratique de ses récits. Je ne perdrai donc pas de temps à essayer de vous convaincre que la Bible ne relève pas de l'histoire.

Ce soir, à travers quatre récits, je vous montrerai ce que les anciens conteurs voulaient que vous et moi percevions dans leurs écrits. Les maîtres de l'époque rattachaient des vérités psychologiques aux allégories phalliques et solaires. Ils n'en savaient pas autant sur la constitution physique de l'homme que les scientifiques actuels, pas plus qu'ils n'en savaient autant sur les cieux que nos présents astronomes. Mais le peu qu'ils savaient, ils l'utilisaient à bon escient et construisaient des cadres phalliques et solaires auxquels ils attachaient les grandes vérités psychologiques qu'ils avaient découvertes.

Dans l'Ancien Testament, on trouve une grande partie du culte phallique. Comme il n'est pas utile, je ne m'attarderai pas sur lui. Je me contenterai de vous montrer comment l'interpréter.

Avant d'aborder le premier des processus psychologiques que vous et moi pouvons utiliser dans un sens pratique, permettez-moi d'énoncer les deux noms les plus notables de la Bible : celui que vous et moi traduisons par Dieu ou Jehovah, et celui que l'on appelle son fils, à savoir Jésus.

Les anciens épelaient ces noms à l'aide de petits symboles. La langue ancienne, appelée langue hébraïque, n'était pas une langue vocale, bruyante. C'était une langue mystique que l'homme n'avait jamais prononcée. Ceux qui la comprenaient la comprenaient comme les mathématiciens comprennent les symboles des mathématiques supérieures. Ce n'est pas une langue que les gens employaient pour exprimer leur pensée comme nous employons de nos jours la langue anglaise, française ou toute autre langue.

Selon eux, le nom de Dieu s'écrivait **YOD HEY VAV HEY**. Je vais prendre ces symboles et, dans notre langage actuel, terre-à-terre, les expliquer de la manière suivante.

La première lettre, **YOD**, dans le nom de Dieu, représente une main ou une graine, pas une main quelconque, mais la main de celui qui dirige. S'il y a un organe de l'homme qui le distingue de l'ensemble du monde de la création, c'est bien sa main. Ce que nous appelons une main chez le singe anthropoïde n'est pas une main. Elle ne sert qu'à porter la nourriture jusqu'à la bouche ou à se balancer d'une branche à l'autre. La main de l'homme façonne, elle moule. On ne peut pas vraiment s'exprimer sans la main. C'est la main du bâtisseur, la main du dirigeant ; elle dirige, moule et construit au sein de notre monde.

Les anciens conteurs appelaient la première lettre **YOD**, la main, ou la graine absolue d'où naîtra toute création.

La deuxième lettre, **HEY**, se caractérise par le symbole d'une fenêtre. Une fenêtre est un œil – la fenêtre est à la maison ce que l'œil est au corps.

La troisième lettre, **VAV**, est représentée par un clou. Un clou sert à unir les choses, les relier les unes aux autres. La conjonction « et » dans la langue hébraïque est simplement la troisième lettre, ou **VAV**. Pour parler « d'un homme *et* d'une femme », on ajoute le **VAV** au milieu, il les relie.

La quatrième et dernière lettre, **HEY,** est une autre fenêtre ou un autre œil.

Dans notre langue moderne et terre-à-terre, on peut oublier les yeux, les fenêtres et les mains et voir les choses de cette manière : vous êtes assis ici. Cette première lettre, **YOD**, est votre JE SUIS, votre conscience. Vous êtes conscient d'être conscient – c'est la première lettre. C'est de cette conscience que naissent tous les états de conscience.

La deuxième lettre, **HEY**, appelée œil, est votre imagination, votre capacité à percevoir. Vous imaginez ou percevez quelque chose qui semble être autre que vous-même. C'est un peu comme si vous étiez perdu dans vos pensées et que vous contempliez les états mentaux de manière détachée, faisant du penseur et de ses pensées des entités distinctes.

La troisième lettre, **VAV**, est votre capacité à sentir que vous êtes ce que vous désirez être. En sentant que vous l'êtes, vous devenez conscient de l'être. Marcher comme si vous étiez ce que vous désirez être, c'est extraire votre désir du monde imaginaire et y apposer le **VAV**. Vous avez accompli le processus de création. Je suis conscient de quelque chose. Puis je deviens conscient d'être réellement ce dont j'étais conscient.

La quatrième et dernière lettre du nom de Dieu est un autre **HEY**, un autre œil, c'est-à-dire le monde objectif visible qui témoigne constamment de ce que j'ai conscience d'être. On ne fait rien contre le monde objectif ; il se façonne toujours en harmonie avec ce que l'on est conscient d'être.

On vous dit que c'est le nom par lequel toutes les choses sont faites, et rien de ce qui a été fait n'a été fait sans lui. Le nom est simplement ce que vous avez maintenant, alors que vous êtes assis ici.

Vous êtes conscients d'être, n'est-ce pas ? Certainement. Vous êtes également conscient de quelque chose qui n'est pas vous : la pièce, les meubles, les autres gens. Vous pouvez vous montrer sélectif à présent. Peut-être ne désirez-vous pas être autre chose que ce que vous êtes ou posséder ce que vous voyez. Mais vous avez la capacité de ressentir ce que ce serait si vous étiez maintenant autre que ce que vous êtes. En assumant que vous êtes ce que vous désirez être, vous avez achevé le nom de Dieu ou le **YOD HEY VAV HEY**. Le résultat final, l'objectivation de votre assomption, ne vous concerne pas. Il apparaîtra automatiquement au fur et à mesure que vous prendrez conscience d'être ce que vous êtes.

Passons maintenant au nom du Fils, car il donne au Fils la domination sur le monde. Vous êtes ce Fils, vous êtes le grand Josué, ou Jésus, de la Bible. Vous connaissez le nom de Josué ou Jehoshua, que nous avons francisé en Jésus.

Le nom du Fils est presque comme le nom du Père. Les trois premières lettres du nom du Père sont les trois premières lettres du nom du Fils, **YOD HEY VAV**, puis vous ajoutez un **SHIN** et un **AYIN**, ce qui fait que le nom du Fils se lit **YOD HEY VAV SHIN AYIN**.

Vous avez entendu plus tôt ce que représentent les trois premières lettres : **YOD HEY VAV**. **YOD** signifie que vous êtes conscient ; **HEY** signifie que vous êtes conscient de quelque chose ; et **VAV** signifie que vous êtes devenu conscient d'être ce dont vous étiez conscient. Vous dominez parce que vous avez la capacité de concevoir et de devenir ce que vous concevez. C'est le pouvoir de création.

Mais pourquoi un **SHIN** est-il accolé au nom du Fils ? En raison de l'infinie miséricorde de notre Père. Il faut savoir que le Père et le Fils ne font qu'un. Mais lorsque le Père prend conscience d'être un homme, il met dans la condition appelée « homme » ce qu'il ne s'est pas donné à lui-même. Il place un **SHIN** à cette fin : un **SHIN** est symbolisé par une dent.

Une dent, c'est ce qui consomme, ce qui dévore. Je dois avoir en moi le pouvoir de consommer ce que je n'aime pas.

Dans mon ignorance, j'ai donné naissance à certaines choses que je n'aime pas et que je voudrais laisser derrière moi. S'il n'y avait pas en moi les flammes qui les consument, je serais condamné à jamais à vivre dans un monde marqué par toutes mes erreurs. Mais il y a un **SHIN**, ou flamme, dans le nom du Fils, qui permet à ce Fils de se détacher des états qu'il exprimait auparavant dans le monde. L'homme est incapable de voir autre chose que le contenu de sa propre conscience.

Si je me détache en toute conscience de cette pièce en détournant mon attention, je n'en suis plus conscient. Il y a quelque chose en moi qui la dévore. Elle ne peut vivre dans mon monde objectif que si je la maintiens en vie dans ma conscience.

C'est le **SHIN**, ou dent, accolé au nom du Fils qui lui donne la domination absolue. Pourquoi n'aurait-il pas pu l'être au nom du Père ? Pour cette simple raison : rien ne peut cesser d'être dans le Père. Même les choses désagréables ne peuvent cesser d'être. Si je l'exprime une fois, elle reste à jamais enfermée dans le Moi dimensionnellement plus grand qu'est le Père. Mais je ne souhaite pas conserver dans mon monde toutes mes erreurs. C'est pourquoi, dans mon infinie miséricorde, je me suis donné, lorsque je suis devenu homme, le pouvoir de me détacher de ces choses que, dans mon ignorance, j'ai fait naître dans mon univers.

Ce sont les deux noms qui vous donnent la domination. Vous dominez si, en marchant sur Terre, vous savez que votre conscience est Dieu, la seule et unique réalité. Vous prenez conscience de quelque chose que vous aimeriez exprimer ou posséder.

Vous avez la capacité de sentir que vous êtes et que vous

possédez ce qui, un instant auparavant, était imaginaire. Le résultat final, l'incarnation de votre assomption, échappe complètement à un esprit tridimensionnel. Il naît d'une manière que personne ne connaît.

Si ces deux noms sont clairs dans votre esprit, vous verrez qu'ils sont vos noms éternels. Alors que vous êtes assis ici, vous êtes ce **YOD HEY VAV HEY** ; vous êtes le **YOD HEY VAV SHIN AYIN**.

Les récits de la Bible concernent exclusivement le pouvoir de l'imagination. Ce sont, de fait, des mises en scène de la technique de la prière, car la prière est le secret qui permet de changer l'avenir. La Bible révèle la clé qui permet à l'homme d'entrer dans un monde dimensionnellement plus grand dans le but de changer les conditions du monde inférieur dans lequel il vit.

Une prière exaucée implique que quelque chose se produit en conséquence de la prière, qui autrement n'aurait pas été produit. Par conséquent, l'homme est la source de l'action, l'esprit dirigeant et l'exauceur de la prière.

Les récits de la Bible constituent un puissant défi à la capacité de réflexion de l'homme. La vérité sous-jacente, à savoir qu'il s'agit de processus psychologiques et non de faits historiques, mérite d'être rappelée, dans la mesure où elle constitue la seule justification de ces récits. Avec un peu d'imagination, nous pouvons facilement retracer le sens psychologique de tous les récits de la Bible.

« Puis Dieu dit : Faisons l'homme à notre image, selon notre ressemblance, et qu'il domine sur les poissons de la mer, sur les oiseaux du ciel, sur le bétail, sur toute la terre, et sur tous les reptiles qui rampent sur la terre. Aussi Dieu créa l'homme à Son image, Il le créa à l'image de Dieu » Genèse 1:26- 27

C'est ici, dans le premier chapitre de la Bible, que les anciens maîtres posèrent les fondements de l'unité de Dieu et de l'homme et de la domination de l'homme sur toute la terre. Si Dieu et l'homme sont un, alors Dieu ne pourra jamais être éloigné au point d'être proche, car la proximité implique la séparation.

La question se pose alors : Qu'est-ce que Dieu ? Dieu est la conscience de l'homme, sa perception, son JE SUIS. Le déroulement de la vie est un processus psychologique dans lequel nous faisons advenir les circonstances par nos attitudes plutôt que par nos actes. La pierre angulaire sur laquelle tout repose est l'idée que l'homme se fait de lui-même. Il agit comme il le fait et vit les expériences qu'il vit parce que l'idée qu'il se fait de lui-même est ce qu'elle est, et pour aucune autre raison. S'il avait eu une autre conception de lui-même, il aurait agi différemment et vécu d'autres expériences. L'homme, en assumant que son désir se réalisera, modifie son avenir en accord avec son assomption, car les assomptions, bien que fausses, si elles sont maintenues, se transforment en faits.

L'esprit indiscipliné trouve difficile d'assumer un état qui est nié par les sens. Mais les anciens maîtres ont découvert que le sommeil, ou un état proche du sommeil, aidait l'homme à engendrer ses assomptions. C'est pourquoi ils présentèrent le premier acte créateur de l'homme comme un acte au cours duquel l'homme était plongé dans un profond sommeil. Non seulement cet acte établit le modèle de tous les actes créatifs futurs, mais il nous montre aussi que l'homme n'a qu'une seule substance qui lui appartient vraiment et qu'il peut utiliser pour créer son monde, à savoir : lui-même.

« Alors le Seigneur Dieu (l'homme) fit tomber un profond sommeil sur Adam, qui s'endormit. Il prit une de ses côtes, et referma la chair à sa place. Et de la côte que le Seigneur Dieu avait prise à l'homme, il en forma une femme ». Gen. 2:21, 22

Avant de façonner cette femme pour l'homme, Dieu amena à Adam les bêtes des champs et les oiseaux du ciel et lui demanda de les nommer. « Le nom qu'Adam donnait à chaque être vivant était le nom qu'ils auraient. »

Si vous prenez une encyclopédie ou un dictionnaire biblique et que vous y cherchez le mot « cuisse » tel qu'il est utilisé dans ce récit, vous verrez qu'il n'a rien à voir avec la cuisse. Il est défini comme les parties molles qui sont créatives chez l'homme, qui pendent sur la cuisse de l'homme.

Les anciens conteurs utilisaient ce cadre phallique pour révéler une grande vérité psychologique. Un ange est un messager de Dieu. Vous êtes Dieu, comme vous venez de le découvrir, car votre conscience est Dieu, et vous avez une idée, un message. Vous vous débattez avec une idée, car vous ne savez pas que vous êtes déjà ce que vous contemplez, et vous ne croyez pas non plus que vous pourriez le devenir. Vous aimeriez bien, mais vous ne vous en croyez pas capable.

Qui lutte avec l'ange ? Jacob. Et le mot Jacob, par définition, signifie celui qui supplante.

Vous voudriez vous transformer et devenir ce que la raison et vos sens refusent. Lorsque vous luttez avec votre idéal, en essayant de sentir que vous l'êtes, voici ce qui se passe : dès que vous sentez que vous l'êtes, quelque chose s'échappe de vous. Vous pourriez utiliser ces mots : « Qui m'a touché, car je perçois que la vertu m'a quitté ? ».

Après une méditation réussie, vous devenez pour un moment incapable de poursuivre l'acte, comme s'il s'agissait d'un acte créatif physique. Vous êtes tout aussi impuissant après avoir prié avec succès qu'après un acte créatif physique. Lorsque vous êtes satisfait, vous n'avez plus faim. Si la faim persiste, vous n'avez pas fait exploser l'idée en vous, vous n'avez pas réussi à devenir conscient d'être ce que vous vouliez être. Il y avait encore cette soif lorsque vous êtes sorti des profondeurs.

Si je peux sentir que je suis ce que, quelques secondes auparavant, je savais ne pas être, mais que je désirais être, alors je n'ai plus faim de l'être. Je n'ai plus soif car je me sens satisfait dans cet état. Quelque chose se rétrécit alors en moi, non pas physiquement, mais dans mon sentiment, dans ma conscience, car c'est là que se trouve la créativité de l'homme. Il rétrécit tellement que j'en perds le désir de poursuivre cette méditation. Il ne s'arrête pas physiquement, il n'a simplement plus le désir de poursuivre l'acte méditatif.

« Lorsque vous priez, croyez que vous avez reçu et vous recevrez ». Lorsque l'acte créatif physique est achevé, le tendon qui se trouve au creux de la cuisse de l'homme se rétrécit et l'homme se trouve impuissant ou immobilisé. De même, lorsqu'un homme prie avec succès, il croit qu'il est déjà ce qu'il désirait être, et il ne peut donc pas continuer à désirer être ce qu'il est déjà conscient d'être. Au moment de la satisfaction, physique et psychologique, quelque chose s'échappe qui, avec le temps, témoigne de la puissance créatrice de l'homme.

❧ ❧ ❧

La prochaine histoire se trouve au 38ème chapitre du livre de la Genèse. On y parle d'un roi, appelé Juda, dont les trois premières lettres du nom commencent également par **YOD HEY VAV**. Il a une belle-fille du nom de Tamar.

Le mot Tamar signifie palmier ou « le plus beau », « le plus avenant ». Tamar est gracieuse, agréable à regarder ; on l'appelle « palmier ». Un grand palmier majestueux pousse même dans le désert, et partout où il pousse, il est entouré d'une oasis. Lorsque vous apercevez le palmier dans le désert, vous trouvez ce que vous recherchez le plus dans cette terre aride. Il n'y a rien de plus désirable pour un homme qui se déplace dans le désert que la vue d'un palmier.

Dans notre cas, pour être pratique, notre objectif est le palmier. C'est l'arbre majestueux et magnifique que nous recherchons. Ce que vous et moi voulons, ce que nous désirons vraiment, est personnifié dans l'histoire par Tamar la magnifique.

On raconte qu'un jour, la belle, vêtue des voiles d'une prostituée, était assise sur la place publique. Son beau-père, le roi Juda, passa par-là, et tomba fou amoureux de cette mystérieuse femme voilée, si bien qu'il lui offrit d'avoir un enfant si elle acceptait d'avoir une relation intime avec lui.

Elle lui dit : « Que me donnes-tu en gage de la promesse que tu me feras un enfant ? » Il regarda autour de lui et répondit : « Que veux-tu que je te donne ? »

Elle répondit : « Donne-moi ton anneau, tes bracelets et ton sceptre. »

Il retira de sa main son anneau et ses bracelets, prit son sceptre, et les lui donna. Il se rapprocha alors d'elle, apprit à la connaitre, et effectivement bientôt elle donna naissance à un enfant.

Voilà pour l'histoire. Voyons à présent l'interprétation. L'homme n'a qu'un seul don à donner, c'est lui-même. Il n'a pas d'autre don, comme vous l'a dit le tout premier acte créateur d'Adam en faisant sortir la femme de lui-même. Il n'y avait pas d'autre substance au monde avec laquelle il pouvait façonner l'objet de son désir que lui-même. De la même manière, Juda n'avait qu'un seul cadeau à offrir : lui-même, comme le symbolisaient l'anneau, les bracelets et le sceptre, car il s'agissait là des symboles de sa royauté.

L'homme offre ce qui n'est pas lui, mais la vie exige qu'il donne la seule chose qui le symbolise. « Donne-moi ton anneau, tes bracelets et ton sceptre ». C'est ce qui fit le roi. Lorsqu'il les lui donne, il se donne lui-même.

Vous êtes le grand roi Juda. Avant de connaître votre Tamar et de lui faire porter votre image dans le monde, vous devez aller vers elle et vous donner.

Supposons que je veuille la prospérité. Je ne peux l'obtenir en connaissant des gens qui l'ont. Je ne peux l'obtenir en tirant des ficelles. Je dois devenir conscient d'être prospère.

Supposons que je veuille être en bonne santé. Les médicaments ne suffiront pas. Un régime ou le climat n'y suffiront pas. Je dois prendre conscience d'être en bonne santé en me sentant en bonne santé.

Je désire peut-être m'élever dans ce monde. Le simple fait de regarder les rois, les présidents et les personnes nobles et de vivre dans leur reflet ne me rendra pas digne. Je dois prendre conscience d'être noble et digne et marcher comme si j'étais ce que je désire maintenant être.

Lorsque je marche dans cette lumière, je me donne à l'image qui hantait mon esprit et, avec le temps, elle me donne un enfant, ce qui signifie que j'objectivise un monde en harmonie avec ce que j'ai conscience d'être.

Vous êtes le roi Juda et vous êtes aussi Tamar. Lorsque vous prenez conscience d'être ce que vous désirez être, vous êtes Tamar. Vous cristallisez alors votre désir dans le monde qui vous entoure.

Quels que soient les récits que vous lisez dans la Bible, quel que soit le nombre de personnages que ces anciens conteurs ont introduits dans le processus, il y a une chose que vous et moi devons toujours garder à l'esprit : ils se déroulent tous dans l'esprit de l'homme individuel. Tous les personnages vivent dans l'esprit de l'homme individuel.

Lorsque vous lisez un récit, faites en sorte qu'il corresponde au modèle du moi. Sachez que votre conscience est la seule réalité. Sachez ensuite ce que vous désirez être. Puis assumez le sentiment d'être ce que vous désirez être, et restez fidèle à votre assomption, en vivant et en agissant selon votre conviction. Faites toujours en sorte qu'elle reflète ce modèle.

Notre troisième interprétation concerne l'histoire d'Isaac et de ses deux fils : Ésaü et Jacob.

L'image est celle d'un aveugle trompé par son second fils à qui il donne la bénédiction qui revenait à son premier fils. L'histoire insiste sur le fait que la tromperie a été accomplie par le sens du toucher.

« Isaac dit à Jacob : Approche-toi, mon fils, que je te touche pour savoir si tu es mon fils Ésaü ou non. Jacob s'approcha d'Isaac, son père, et celui-ci le sentit du bout des doigts… Et à peine Isaac avait-il fini de bénir Jacob, et Jacob quitté la maison, qu'Ésaü revint de la chasse ». Genèse 27:21, 30

Cette histoire peut être très utile si vous la reconstituez. N'oubliez pas que tous les personnages de la Bible sont des personnifications d'idées abstraites qui doivent s'accomplir dans l'homme individuel. Vous êtes le père aveugle et ses deux fils.

Isaac est vieux et aveugle, et sentant la mort approcher, il appelle son premier fils Ésaü, un garçon rude et poilu, et l'envoie dans les bois pour qu'il rapporte du gibier.

Son deuxième fils, Jacob, un garçon à la peau lisse, entendit la demande de son père. Désireux d'obtenir le droit d'aînesse de son frère, Jacob, le fils à la peau lisse, égorgea un chevreau de son père et le dépeça. Puis, vêtu de la peau velue du chevreau qu'il avait abattu, il s'approcha par ruse de son père et lui fit croire qu'il était Ésaü.

Le père dit : « Approche-toi mon fils que je te touche. Je ne peux pas voir, mais viens pour que je te touche ». Notez l'accent mis sur la sensation, le toucher, dans cette histoire.

Il s'approcha et le père lui dit : « Ta voix est celle de Jacob, mais tes mains sont celles d'Ésaü. » Et en sentant la rudesse de celles-ci, il crut qu'il s'agissait de son fils Ésaü, il prononça alors la bénédiction qu'il donna à Jacob.

L'histoire nous dit qu'à peine Isaac avait-il prononcé la bénédiction et Jacob le quittait, que son frère Ésaü revint de la chasse.

C'est un verset important. Ne vous laissez pas perturber par notre approche pratique, car, assis ici, vous êtes, vous aussi, Isaac. La pièce dans laquelle vous êtes assis est votre Ésaü actuel. C'est le monde brut ou sensible, connu grâce à vos organes corporels. Tous vos sens témoignent du fait que vous êtes ici, dans cette pièce. Tout vous dit que vous êtes ici, mais peut-être ne désirez-vous pas y être.

Vous pouvez l'appliquer à n'importe quel objectif. La pièce dans laquelle vous êtes assis à tout moment, l'environnement dans lequel vous êtes placé, représente votre monde rude ou sensible, ou votre fils, qui est personnifié dans l'histoire par Ésaü. Ce que vous désirez à la place de ce que vous avez, ou de ce que vous êtes, c'est votre état à la peau lisse ou Jacob, le supplantateur.

Vous n'envoyez pas votre monde visible à la chasse, comme le font tant de gens, en le niant.

En prétendant qu'il n'existe pas, vous le rendez d'autant plus réel. À la place, vous détournez simplement votre attention de la région des sensations qui, en ce moment, est la pièce autour de vous, et vous vous concentrez sur ce que vous désirez mettre à sa place, ce que vous désirez rendre réel.

En vous concentrant sur votre objectif, vous devez parvenir à l'amener ici. Vous devez faire en sorte qu'il se trouve ici, quelque part, et imaginer qu'il est si proche que vous pouvez le sentir.

Supposons qu'en ce moment même, je veuille un piano dans cette pièce. Voir dans mon esprit un piano existant ailleurs ne suffit pas. Mais le visualiser dans cette pièce comme s'il était là, poser mentalement ma main sur le piano et ir qu'il est physiquement réel, c'est prendre cet état subjectif personnifié comme mon second fils Jacob et l'amener si près que je peux le sentir.

On dit d'Isaac qu'il est aveugle. Vous êtes aveugle parce que vous ne voyez pas votre objectif avec vos organes corporels, vous ne pouvez pas le voir avec vos sens objectifs. Vous ne le percevez qu'avec votre esprit, mais vous vous en approchez si près que vous pouvez le sentir comme s'il était physiquement réel. Lorsque vous le faites, que vous vous perdez dans sa réalité et que vous la sentez réelle, ouvrez les yeux.

Que se passe-t-il alors ? La pièce que vous aviez fermée il y a quelques instants revient de la chasse. À peine avez-vous donné la bénédiction – ressenti l'état imaginaire comme réel – que le monde objectif, qui était apparemment irréel, revient. Il ne vous parle pas avec des mots comme ceux d'Ésaü, mais la pièce même qui vous entoure vous dit par sa présence que vous vous êtes trompé.

Il vous dit que lorsque vous vous êtes perdu dans la contemplation, que vous avez eu l'impression d'être ce que vous vouliez être, que vous avez eu l'impression de posséder ce que vous vouliez posséder, vous vous êtes simplement leurré. Regardez cette pièce. Elle nie que vous êtes ailleurs.

Si vous connaissez la loi, vous lui dites maintenant : « Même si ton frère s'est approché par ruse, m'a trahi et a pris ton droit d'aînesse, je lui ai donné ta bénédiction et je ne peux pas me rétracter. »

En d'autres termes, vous restez fidèle à cette réalité subjective et vous ne lui retirez pas le droit d'aînesse. Vous lui avez donné le droit d'aînesse et elle s'objectivera dans ce monde qui est le vôtre. Il n'y a pas de place dans cet espace limité qui est le vôtre pour que deux choses occupent le même espace en même temps. En rendant le subjectif réel, il ressuscite dans votre monde.

Prenez l'idée que vous désirez incarner et assumez que vous l'êtes déjà. Perdez-vous dans le sentiment que cette assomption est physiquement réelle. En lui donnant ce sens de la réalité, vous lui avez donné la bénédiction qui appartient au monde objectif, et vous n'avez pas besoin d'aider à sa naissance, pas plus que vous n'avez à aider à la naissance d'un enfant ou d'une graine que vous plantez dans le sol. La graine que vous plantez pousse sans l'aide de quiconque, car elle détient en elle-même toute la puissance et tous les plans nécessaires pour s'exprimer.

Tentez cette nuit de rejouer l'histoire d'Isaac bénissant son second fils et voir ce qui se passe dans l'avenir immédiat au sein de votre monde. Votre environnement actuel disparaît, toutes les circonstances de la vie changent et font place à la venue de ce à quoi vous avez donné votre vie. Lorsque vous avancez, en sachant que vous êtes ce que vous désiriez être, vous l'objectiverez sans l'aide de quiconque.

❧ ❧ ❧

Le quatrième récit de ce soir est tiré du dernier des livres attribués à Moïse. Si vous avez besoin d'une preuve que Moïse ne l'a pas écrit, lisez attentivement l'histoire. Elle se trouve dans le 34ème chapitre du livre du Deutéronome. Demandez à n'importe quel prêtre ou rabbin : « Qui est l'auteur de ce livre ? » et il vous répondra : Moïse.

Dans le 34ème chapitre du Deutéronome, vous lirez qu'un homme écrit sa propre notice nécrologique ; cet homme est représenté par Moïse qui écrit ce chapitre. Un homme peut tout à fait s'asseoir et écrire ce qu'il aimerait voir figurer sur sa pierre tombale, mais on a là un homme qui écrit sa propre nécrologie. Et puis il meurt et il s'efface tellement qu'il défie la postérité de trouver l'endroit où il est allé reposer.

« Moïse, serviteur de l'Éternel, mourut là, dans le pays de Moab, selon la parole de l'Éternel. Dieu lui-même l'enterra dans la vallée de Moab, en face de Beth-Peor, et jusqu'à ce jour personne n'a jamais su où était son tombeau. Moïse était âgé de cent-vingt ans lorsqu'il mourut ; sa vue n'avait pas baissé, il n'avait pas perdu sa vitalité ». Deut. 34:5, 6, 7

Vous devez, cette nuit-même – et non demain – apprendre à écrire votre propre nécrologie et à faire totalement disparaître ce que vous étiez, de manière à ce qu'aucun être de ce monde ne soit en mesure de dire où vous avez enterré le vieil homme. Si vous étiez malade et que vous vous rétablissez, et que je vous connais comme étant malade, pourrez-vous me montrer et me dire où vous avez enterré le malade ?

Si vous êtes démuni et que vous empruntez à tous vos amis, puis que vous vous enrichissez soudainement, où avez-vous enterré le pauvre ? Vous effacez tellement la pauvreté dans votre esprit qu'il n'y a plus rien dans ce monde que vous puissiez pointer du doigt en disant : « c'est là que je l'ai abandonnée ». Une transformation complète de la conscience efface toutes les preuves que quelque chose d'autre que votre état actuel a jamais existé dans le monde.

La plus belle technique pour réaliser l'objectif de l'homme est donnée dans le premier verset du 34ème chapitre du Deutéronome : « Moïse monta des plaines de Moab à la montagne de Nebo, au sommet du Pisga, en face de Jéricho.

L'Éternel lui fit voir tout le pays de Galaad jusqu'à Dan. »

Vous lisez ce verset et vous vous dites peut-être : « Et alors ? ». Mais prenez un dictionnaire et prêtez attention aux mots. Le premier mot, Moïse, signifie « tirer, sauver, soulever, aller chercher. » En d'autres termes, Moïse est la personnification du pouvoir en l'homme qui peut extraire de l'homme ce qu'il cherche, car tout vient de l'intérieur et non de l'extérieur. Vous puisez en vous ce que vous voulez maintenant exprimer comme quelque chose d'objectif pour vous.

Vous êtes Moïse sortant des plaines de Moab. Le mot Moab est une contraction de deux mots hébraïques, Mem et Ab, qui signifient mère-père. Votre conscience est la mère-père ; il n'y a pas d'autre cause dans le monde. Votre JE SUIS, votre conscience, est ce Moab ou cette mère-père. Vous en tirez toujours quelque chose.

Le mot suivant est Nebo. Dans l'encyclopédie, Nebo est défini comme une prophétie. Une prophétie est quelque chose de subjectif. Si je dis : « Untel sera », c'est une image dans l'esprit ; ce n'est pas encore un fait. Nous devons attendre et prouver ou réfuter cette prophétie.

Dans notre langue, le Nebo est votre souhait, votre désir. On lui donne le nom de montagne parce qu'il s'agit d'une chose qui semble difficile à gravir et qu'il est donc apparemment impossible à réaliser. Une montagne est quelque chose de plus grand que vous, qui vous domine. Le Nébo personnifie ce que vous désirez être par opposition à ce que vous êtes.

Le mot Pisgah, par définition, signifie « contempler ». Jéricho est une odeur parfumée. Et Galaad signifie les collines des témoins. Le dernier mot est Dan le prophète.

Réunissez tous ces mots dans un sens pratique et découvrez ce que les anciens ont essayé de nous dire. Alors que je me tiens ici, ayant découvert que ma conscience est Dieu et que je peux, par le simple sentiment d'être ce que je désire être, me transformer à la ressemblance de ce que j'assume être, je sais maintenant que j'ai tout ce qu'il faut, que je *suis* tout ce qu'il faut pour escalader cette montagne.

Je définis mon objectif. Je ne l'appelle pas Nébo, je l'appelle mon désir. Tout ce que je désire, c'est mon Nebo, c'est ma grande montagne que je suis sur le point d'escalader. Je commence dès maintenant à la contempler, car je vais grimper jusqu'au sommet du Pisga.

Je dois contempler mon objectif de manière à obtenir la réaction qui me satisfait. Si je n'obtiens pas la réaction qui me plaît, alors Jéricho ne se verra pas, car Jéricho est une odeur parfumée. Lorsque je sens que je suis ce que je veux être, je ne peux réprimer la joie qui accompagne ce sentiment.

Je dois toujours contempler mon objectif jusqu'à ce que j'obtienne le sentiment de satisfaction incarné par Jéricho. Ensuite, je ne fais rien pour le rendre visible dans mon monde, car les collines de Galaad, c'est-à-dire les hommes, les femmes, les enfants, tout le vaste monde qui m'entoure, viennent en témoigner. Ils viennent témoigner que je suis ce que j'ai assumé être et que je nourris en moi-même. Lorsque mon monde se conforme à mon assomption, la prophétie s'accomplit.

Si je sais maintenant ce que je désire être, que j'assume que je le suis et que j'avance dans l'existence comme si je l'étais, je le deviens et, en le devenant, mon ancien concept de moi meurt si profondément que je ne peux désigner aucun endroit dans ce monde et dire : c'est là que mon ancien moi est enterré. Je suis si entièrement mort que je défie la postérité de trouver où j'ai enterré mon ancien moi.

Il doit y avoir quelqu'un dans cette salle qui se transformera si complètement dans ce monde que son cercle d'amis proches ne le reconnaîtra pas.

Pendant dix ans, j'ai été danseur, j'ai dansé dans des spectacles de Broadway, dans le vaudeville, dans des boîtes de nuit et en Europe. À un moment de ma vie, j'ai pensé que je ne pourrais pas vivre sans certains amis présents dans mon monde. Je préparais une table tous les soirs après le théâtre et nous dînions tous ensemble. Je pensais que je ne pourrais jamais vivre sans eux. Aujourd'hui, j'avoue que je ne pourrais pas vivre avec eux. Nous n'avons rien en commun à l'heure actuelle. Lorsque nous nous rencontrons, nous ne changeons pas de trottoir, mais c'est une rencontre plutôt plate, voire froide, car nous n'avons rien à nous dire. Je suis tellement mort à cette vie que lorsque je rencontre ces gens, on ne peut même pas parler du bon vieux temps.

Mais il existe des gens qui aujourd'hui encore vivent dans cet état et qui s'appauvrissent continuellement. Ils aiment toujours parler du bon vieux temps. Ils n'ont jamais enterré cet homme, il est toujours vivant dans leur monde.

Moïse avait 120 ans, un âge mûr et merveilleux, comme l'indique le chiffre 120. Un plus deux plus zéro égalent trois, le symbole numérique de l'expression. Je suis pleinement conscient de mon expression. Ma vue est intacte et les fonctions naturelles de mon corps ne sont pas diminuées.

Je suis pleinement conscient d'être ce que je ne veux pas être. Mais connaissant cette loi par laquelle un homme se transforme, j'assume que je suis ce que je veux être et j'avance en assumant que c'est fait. En devenant cela, le vieil homme meurt et tout ce qui était lié à l'ancien concept de soi meurt avec lui.

Il n'est pas possible d'introduire une quelconque partie du vieil homme dans le nouvel homme. Vous ne pouvez pas mettre du vin nouveau dans de vieilles bouteilles ou de nouvelles pièces sur de vieux vêtements. Vous devez être un être entièrement nouveau.

En partant du principe que vous êtes ce que vous désirez être, vous n'avez pas besoin de l'aide d'un autre pour y parvenir. Vous n'avez pas non plus besoin de l'aide de quelqu'un pour enterrer le vieil homme à votre place. Laissez les morts enterrer les morts. Ne regardez même pas en arrière, car aucun homme qui met la main à la charrue puis qui regarde en arrière n'est digne d'entrer dans le royaume des cieux.

Ne vous demandez pas comment les choses vont se passer. Peu importe que votre raison le nie. Peu importe que tout le monde autour de vous le nie.

Vous n'avez pas à enterrer le passé. « Laissez les morts enterrer les morts. » En restant fidèle à votre nouveau concept de vous-même, vous enterrerez le passé à une telle profondeur que vous défierez le vaste avenir de trouver l'endroit où vous l'avez enterré. À ce jour, aucun homme dans tout Israël n'a découvert le sépulcre de Moïse.

Voici les quatre histoires que je vous ai promises ce soir. Vous devez les appliquer chaque jour de votre vie. Même si la chaise sur laquelle vous êtes assis est dure et ne se prête pas à la méditation, vous pouvez, par l'imagination, en faire la chaise la plus confortable du monde.

Permettez-moi maintenant de définir la technique telle que je souhaite que vous l'utilisiez. J'espère que chacun d'entre vous est venu ici ce soir avec une image claire de son désir. Ne dites pas que c'est impossible. Vous le désirez ? Vous n'avez pas besoin d'utiliser votre code moral pour l'accomplir. Il est tout à fait hors de portée de votre éthique.

La conscience est la seule et unique réalité. Par conséquent, vous devez former l'objet de votre désir à partir de votre propre conscience.

Les gens ont l'habitude de négliger l'importance des choses simples, et le besoin suggestif de créer un état proche du sommeil pour vous aider à saisir ce que la raison et vos sens nient fait partie de ces choses simples que vous pourriez avoir tendance à négliger.

Cependant, cette formule simple pour changer l'avenir, qui fut découverte par les anciens maîtres et qui nous fut transmise dans la Bible, peut être prouvée par tous.

La première étape pour changer l'avenir est le désir, c'est-à-dire définir votre objectif – savoir exactement ce que vous désirez.

La deuxième étape est la conception d'un événement que vous pensez rencontrer SUITE à la réalisation de votre désir – un événement qui implique la réalisation de votre désir – quelque chose qui aura l'action du Soi prédominante.

La troisième étape consiste à immobiliser le corps physique et à induire un état proche du sommeil. Ensuite, vous devez vous sentir mentalement dans l'action proposée, en imaginant tout le temps que vous êtes en train de l'accomplir ici et maintenant. Vous devez participer à l'action imaginaire, ne pas simplement rester en retrait et regarder, mais sentir que vous êtes en train d'accomplir l'action, de sorte que la sensation imaginaire soit réelle pour vous.

Il convient de toujours garder à l'esprit que l'action proposée doit être une action qui suit la réalisation de votre désir, une action qui implique la réalisation. Par exemple, supposons que vous désiriez obtenir une promotion. Le fait d'être félicité serait alors un événement que vous rencontreriez après la réalisation de votre désir.

Après avoir choisi cette action comme celle que vous vivrez en imagination pour impliquer la promotion dans le bureau, immobilisez votre corps et induisez un état proche du sommeil, un état de somnolence, mais dans lequel vous êtes encore capable de contrôler la direction de vos pensées, un état dans lequel vous êtes attentif sans effort. Visualisez ensuite un ami qui se tient devant vous. Mettez votre main imaginaire dans la sienne. Sentez-la solide et réelle, et tenez avec lui une conversation imaginaire en harmonie avec le sentiment d'avoir été promu.

Ne vous visualisez pas à distance dans l'espace et dans le temps en train de vous féliciter de votre chance. Au contraire, vous faites en sorte qu'il y ait un ailleurs ici et un futur maintenant. La différence entre se sentir en action, ici et maintenant, et se visualiser en action, comme sur un écran de cinéma, est ce qui fait la différence entre le succès et l'échec.

La différence apparaîtra plus clairement si vous vous imaginez en train de grimper à une échelle. Puis, les paupières fermées, imaginez qu'une échelle se trouve juste devant vous et sentez-vous en train d'y grimper.

L'expérience m'a appris à restreindre l'action imaginaire qui implique la réalisation du désir, à condenser l'idée en un seul acte et à le rejouer encore et encore jusqu'à ce qu'il me donne l'impression d'être réel. Sinon, votre attention s'égarera le long d'une piste associative, et une foule d'images associées vous viendront à l'esprit et, en quelques secondes, elles vous conduiront à des centaines de kilomètres de votre objectif dans l'espace et à des années de distance dans le temps.

Si vous décidez de monter un escalier particulier, parce que c'est l'événement qui suivra probablement la réalisation de votre désir, vous devez limiter votre action à la montée de cet escalier particulier. Si votre attention s'égare, ramenez-la à la tâche de monter cet escalier, et continuez ainsi jusqu'à ce que l'action imaginaire ait toute la consistance et la netteté de la réalité.

L'idée doit être maintenue dans l'esprit sans aucun effort de votre part. Vous devez, avec un minimum d'effort, imprégner votre esprit du sentiment du souhait réalisé.

La somnolence facilite le changement car elle favorise l'attention sans effort, mais elle ne doit pas être poussée jusqu'à l'état de sommeil où l'on n'est plus capable de contrôler les mouvements de son attention. Il doit s'agir d'une somnolence modérée où l'on est encore capable de contrôler et d'orienter ses pensées.

La manière la plus efficace d'incarner un désir est d'assumer le sentiment du souhait réalisé et ensuite, dans un état de détente et de somnolence, de répéter encore et encore, comme une berceuse, toute phrase courte qui implique la réalisation de votre désir, comme « Merci, merci, merci », comme si vous vous adressiez à une puissance supérieure en la remerciant de vous avoir donné ce que vous désirez.

Je suis convaincu que lorsque ce cours prendra fin vendredi, beaucoup d'entre vous me diront qu'ils ont atteint leurs objectifs. Il y a deux semaines, j'ai quitté l'estrade et me suis rendu à la porte pour serrer la main du public. Dans une classe de 135 personnes, 35 m'ont dit qu'elles avaient réalisé ce qu'elles souhaitaient en rejoignant ce cours. Cela s'est passé il y a seulement deux semaines. Je n'ai rien fait d'autre que de leur donner cette technique de prière. Vous n'avez rien à faire pour y parvenir, si ce n'est d'appliquer cette technique de prière.

Les yeux fermés et le corps immobile, provoquez un état proche du sommeil et entrez dans l'action comme si vous étiez un acteur jouant le rôle en question. Vivez en imagination ce que vous vivriez en chair et en os si vous étiez en possession de votre objectif. Faites d'ailleurs ici et d'ensuite maintenant. Et une grande partie d'entre vous, grâce à une plus grande concentration, utilisera tous les moyens

– en les qualifiant de bons – qui tendent à la production de ce que vous avez assumé.

Vous êtes libéré de toute responsabilité de faire en sorte qu'il en soit ainsi, car lorsque vous imaginez et ressentez qu'il en est ainsi, c'est votre moi dimensionnellement plus grand qui détermine les moyens. Ne pensez pas un seul instant que quelqu'un risque d'être blessé pour qu'il en soit ainsi, ou que quelqu'un sera déçu. Cela ne vous concerne pas. Je dois insister sur ce point. Trop d'entre nous, formés dans des milieux différents, se préoccupent trop des autres. Vous vous demandez : « Si j'obtiens ce que je veux, cela ne portera-t-il pas préjudice à quelqu'un d'autre ? » Il y a des moyens que vous ne connaissez pas, alors ne vous en inquiétez pas.

Fermez les yeux, car nous allons entrer dans un long silence. Bientôt, vous serez tellement perdu dans la contemplation, dans le sentiment d'être ce que vous désirez être, que vous serez totalement inconscient du fait que vous êtes dans cette pièce avec d'autres personnes. De fait, vous serez choqué, lorsque vous ouvrirez les yeux, de découvrir que vous êtes ici.

Vous devriez ressentir un choc en ouvrant les yeux, et en découvrant que vous n'êtes pas réellement ce que, un instant auparavant, vous pensiez être, ou que vous pensiez posséder. Immergeons-nous à présent dans les profondeurs.

Période de silence.

Je n'ai pas besoin de vous rappeler que vous êtes maintenant ce que vous êtes censé être. N'en discutez avec personne, pas même avec vous-même. Vous ne pouvez pas réfléchir au comment, quand vous savez que vous ÊTES déjà.

Votre raisonnement tridimensionnel, qui est un raisonnement très limité, ne devrait pas être impliqué dans ce processus. Il ne sait pas. Ce que vous venez de ressentir comme étant vrai est vrai.

Ne laissez personne vous dire que vous ne devriez pas l'avoir. Ce que vous sentez que vous avez, vous l'aurez. Et je vous promets ceci : lorsque vous aurez atteint votre objectif, vous devrez admettre, après réflexion, que votre esprit conscient et raisonneur n'aurait jamais pu trouver la voie à suivre.

Vous êtes ce que vous désiriez et possédez ce que vous vous êtes approprié en ce moment même. N'en discutez pas. Ne cherchez pas d'encouragement auprès de quelqu'un parce que la chose pourrait ne pas venir. Elle est arrivée. Vaquez à vos affaires quotidiennes, à votre routine, normalement, et laissez ces choses se produire dans votre monde.

:: 27 ::

Les assomptions se transforment en faits

La Bible n'a rien à voir avec l'histoire. Certains d'entre vous seront peut-être enclins ce soir à croire que, bien que nous puissions lui donner une interprétation psychologique, elle pourrait encore être conservée dans sa forme actuelle et être interprétée littéralement. C'est impossible. La Bible ne fait aucunement référence à des personnes ou à des événements réels, comme on vous a appris à le croire. Plus tôt vous vous débarrasserez de cette idée reçue, mieux ce sera.

Nous allons étudier plusieurs récits ce soir, et je vous rappellerai qu'il vous faut reconstituer tous ces récits dans votre propre esprit.

Gardez en tête que, bien qu'ils semblent être des récits de personnes pleinement éveillées, le processus se joue en réalité entre vous, le dormeur, le vous profond et le vous conscient qui s'éveille. Ils sont personnifiés en tant que personnes, mais lorsque vous en arrivez au point d'application, vous devez vous rappeler l'importance de l'état de somnolence.

Toute la création, comme nous en avons discuté hier, a lieu dans l'état de sommeil, ou dans un état qui s'apparente au sommeil : l'état de somnolence.

Nous avons vu hier que le premier homme n'était pas encore éveillé. Vous êtes Adam, le premier homme, encore plongé dans un sommeil profond. Le vous créatif est le vous de la quatrième dimension dont le foyer est simplement l'état dans lequel vous entrez lorsque les hommes disent que vous dormez.

Le premier récit de ce soir se trouve dans l'Évangile de Jean. Au fil de son dénouement, je voudrais que vous le compariez dans votre esprit à l'histoire que vous avez entendue hier soir dans le livre de la Genèse. Le premier livre de la Bible, le livre de la Genèse, est, selon les historiens, le récit d'événements s'étant produits sur terre quelque 3 000 ans avant les événements relatés dans le livre de Jean. Je vous demande d'être rationnel. N'est-il pas possible, selon vous, que les deux histoires puissent avoir été écrites par le même auteur ? À vous de juger si le même homme inspiré n'aurait pas pu raconter la même histoire, mais simplement la raconter différemment.

C'est une histoire relativement familière, l'histoire du procès de Jésus. Dans l'Évangile de Jean, il est dit que Jésus a été amené devant Ponce Pilate et que la foule a réclamé sa vie : elle voulait Jésus. Pilate se tourna vers eux et leur dit : « Mais comme c'est parmi vous une coutume que je vous relâche quelqu'un à la fête de Pâque ; voulez-vous donc que je vous relâche le roi des Juifs ? Alors, de nouveau, tous s'écrièrent : Non, pas lui, mais Barabbas. Or, Barabbas était un brigand. » Jean 18:39, 40

On vous dit que Pilate n'avait pas le choix, qu'il n'était qu'un juge interprétant la loi, et que telle était la loi : le peuple devait recevoir ce qu'il demandait. Pilate ne pouvait pas relâcher Jésus contre la volonté de la foule ; il relâcha donc Barabbas et leur donna Jésus pour qu'il soit crucifié.

Gardez à l'esprit que votre conscience est Dieu. Il n'y a pas d'autre Dieu. Et on vous dit que Dieu a un fils qui s'appelle Jésus. Si vous prenez la peine de chercher le mot Barabbas dans votre encyclopédie, vous verrez qu'il s'agit de la contraction de deux mots hébraïques : BAR, qui signifie fille, fils ou enfant, et ABBA, qui signifie père. Barabbas est le fils du Père.

Et Jésus, dans l'histoire, est appelé le Sauveur, le Fils du Père.

Nous avons deux fils dans cette histoire. Et nous avons deux fils dans l'histoire d'Ésaü et de Jacob. N'oubliez pas qu'Isaac était aveugle et que la justice, pour être authentique, doit avoir les yeux bandés. Bien que dans ce cas Pilate ne soit pas physiquement aveugle, le rôle donné à Pilate implique qu'il est aveugle parce qu'il est juge. Dans tous les grands palais de justice du monde, la femme ou l'homme qui représente la justice a les yeux bandés.

« Ne jugez pas selon l'apparence, mais jugez selon la justice. » Jean 7:24

Ici, Pilate joue le même rôle qu'Isaac. Il y a deux fils. Tous les personnages de cette histoire peuvent s'appliquer à votre propre vie. Vous avez un fils qui vous prive en ce moment même de ce que vous pourriez être.

Si vous êtes venus à cette réunion ce soir en étant conscients de vouloir quelque chose, de désirer quelque chose, vous avez marché en compagnie de Barabbas.

Car désirer, c'est avouer que l'on ne possède pas encore ce que l'on désire, et comme tout est à vous, vous vous volez vous-même en vivant dans l'état de désir. Mon sauveur est mon désir. Lorsque je désire quelque chose, je regarde dans les yeux de mon sauveur. Mais si je continue à le désirer, je renie mon Jésus, mon Sauveur, car si je désire, je confesse que je ne suis pas et « si vous ne croyez pas que JE SUIS, vous mourrez dans vos péchés ». Je ne peux pas avoir et continuer à désirer ce que j'ai. Je peux l'apprécier, mais je ne peux pas continuer à le désirer.

Voici à présent l'histoire. C'est la fête de la Pâque. Quelque chose va changer maintenant, une transformation va avoir lieu. L'homme est incapable de passer d'un état de conscience à un autre s'il ne libère pas de sa conscience ce qu'il entretient actuellement, car cela le retient, l'ancre, là où il est.

Vous et moi pouvons participer à des fêtes année après année lorsque le soleil entre dans le grand signe du Bélier, mais cela ne signifie rien par rapport à la véritable Pâque mystique. Pour célébrer la fête de la Pâque, la fête psychologique, je passe d'un état de conscience à un autre. Je le fais en libérant Barabbas, le voleur et le brigand qui me prive de l'état que je pourrais incarner dans mon monde.

L'état que je cherche à incarner est personnifié dans l'histoire par Jésus le Sauveur. Si je deviens ce que je désire être, je suis sauvé de ce que j'étais. Si je ne le deviens pas, je continue à garder enfermé en moi un voleur qui m'empêche d'être ce que je pourrais être.

Ces histoires ne font référence à aucune personne ayant vécu ni à aucun événement survenu sur terre, je le répète. Ces personnages sont des personnages éternels dans l'esprit de chaque homme dans le monde. Vous et moi maintenons perpétuellement en vie soit Barabbas, soit Jésus. Vous savez à chaque instant qui vous divertissez.

Ne condamnez pas une foule qui réclame la libération de Barabbas et la crucifixion de Jésus. Il ne s'agit pas d'une foule de gens appelés Juifs. Ils n'ont rien à voir avec cette histoire.

Si nous faisons preuve de sagesse, nous devons nous aussi réclamer la libération de cet état d'esprit qui nous empêche d'être ce que nous voulons être, qui nous restreint, qui ne nous permet pas de devenir l'idéal que nous recherchons et que nous nous efforçons d'atteindre dans ce monde.

Je ne dis pas que vous n'incarnez pas Jésus ce soir. Je vous rappelle seulement que si, en ce moment même, vous avez une ambition inassouvie, alors vous entretenez ce qui nie la réalisation de l'ambition, et ce qui la nie, c'est Barabbas.

Pour expliquer la transformation mystique et psychologique connue sous le nom de Pâque, ou de passage, vous devez maintenant vous identifier à l'idéal que vous voulez servir, et vous devez rester fidèle à cet idéal. Si vous lui restez fidèle, non seulement vous le crucifierez par votre fidélité, mais vous le ressusciterez sans l'aide de quiconque.

Comme le dit l'histoire, aucun homme n'a pu se lever assez tôt pour rouler la pierre. Sans l'aide d'aucun homme, la pierre a été retirée, et ce qui semblait mort et enterré a été ressuscité sans l'aide de quiconque.

Vous marchez dans la conscience d'être ce que vous désirez être, personne ne le voit encore, mais vous n'avez pas besoin d'un autre pour faire disparaître (faire « rouler » loin de vous) les problèmes et les obstacles de la vie afin d'exprimer ce que vous avez conscience d'être. Cet état a sa propre façon de s'incarner dans ce monde, de se faire chair, de se matérialiser pour que le monde entier puisse le toucher.

Vous voyez à présent le lien entre l'histoire de Jésus et l'histoire d'Isaac et de ses deux fils, où l'un a transplanté l'autre, où l'un a été appelé le supplanteur de l'autre. Pourquoi pensez-vous que ceux qui ont compilé la soixantaine de livres de notre Bible ont fait de Jacob l'ancêtre de Jésus ?

Ils ont pris Jacob, qui était appelé le Supplanteur, et l'ont rendu père de douze enfants, puis ils ont pris Juda ou Louange, le cinquième fils, et en ont fait l'ancêtre de Joseph, qui est censé avoir engendré, d'une manière quelque peu étrange, celui qu'on appelle Jésus. Jésus doit supplanter Barabbas comme Jacob doit supplanter et prendre la place d'Ésaü.

Ce soir, vous pouvez vous asseoir ici même et instruire le procès de vos deux fils, dont vous souhaitez libérer l'un. Vous pouvez devenir la foule qui réclame la libération du voleur, et le juge qui libère volontiers Barabbas et condamne Jésus à prendre sa place. Il a été crucifié sur le Golgotha, le lieu du crâne, le siège de l'imagination.

Pour faire l'expérience de la Pâque ou du passage de l'ancien au nouveau concept de soi, vous devez libérer Barabbas, votre concept de soi actuel, qui vous empêche d'être ce que vous pourriez être, et vous devez assumer le nouveau concept que vous souhaitez exprimer.

La meilleure façon d'y parvenir est de concentrer votre attention sur l'idée de vous identifier à votre idéal. Assumez que vous êtes déjà ce que vous cherchez et votre assomption, bien que fausse, si elle est maintenue, deviendra un fait.

Vous saurez si vous avez réussi à libérer Barabbas, votre ancien concept de soi, et si vous avez réussi à crucifier Jésus, ou à fixer le nouveau concept de soi, en regardant simplement mentalement les gens que vous connaissez. Si vous les voyez comme vous les voyiez auparavant, c'est que vous n'avez pas changé votre concept de soi, car tout changement de concept de soi entraîne un changement de relation avec votre monde.

Nous apparaissons toujours aux yeux des autres comme l'incarnation de l'idéal que nous inspirons. C'est pourquoi, dans la méditation, nous devons imaginer que les autres nous voient comme ils nous verraient si nous étions ce que nous désirons être.

Vous pouvez libérer Barabbas, crucifier et ressusciter Jésus si vous définissez d'abord votre idéal. Ensuite, détendez-vous dans un fauteuil confortable, provoquez un état de conscience proche du sommeil et vivez en imagination ce que vous vivriez dans la réalité si vous étiez déjà ce que vous aspirez à être.

Par cette simple méthode d'expérimentation en imagination de ce que vous expérimenteriez dans la chair si vous étiez l'incarnation de l'idéal que vous poursuivez, vous libérez Barabbas qui vous a volé votre grandeur, et vous crucifiez et ressuscitez votre sauveur, ou l'idéal que vous souhaitez exprimer.

Passons maintenant à l'histoire de Jésus dans le jardin de Gethsémani. N'oubliez pas qu'un jardin est un terrain bien préparé, bien agencé, ce n'est pas un terrain vague. Vous préparez ce terrain appelé Gethsémani en venant ici, en étudiant et en faisant quelque chose pour votre esprit. Consacrez un peu de temps chaque jour à la préparation de votre esprit en lisant de la bonne littérature, en écoutant de la bonne musique et en participant à des conversations enrichissantes.

Les épîtres nous disent : « Que tout ce qui est vrai, tout ce qui est honorable, tout ce qui est juste, tout ce qui est pur, tout ce qui est aimable, tout ce qui mérite l'approbation, tout ce qui est vertueux et digne de louange, soit l'objet de vos pensées ». Phil. 4:8

Poursuivant notre histoire, telle qu'elle est racontée dans le chapitre 18 de Jean, Jésus se trouve dans le jardin quand, soudain, une foule se met à le chercher. Il se tient là, dans l'obscurité, et dit : « Qui cherchez-vous ? »

Le porte-parole appelé Judas répond : « Nous cherchons Jésus de Nazareth. » Une voix répond alors : « C'est moi. »

À cet instant précis, ils tombent tous par terre, des milliers d'entre eux trébuchent et s'affalent au sol. En soi, cela devrait vous arrêter tout de suite et vous faire comprendre qu'il ne peut s'agir d'un évènement physique, car personne ne pourrait affirmer avec autant d'audace qu'il est celui que l'on recherche et faire tomber à terre les milliers de personnes qui le cherchent.

Mais l'histoire nous dit qu'ils sont tous tombés par terre. Une fois qu'ils eurent retrouvé leur sang-froid, ils réitérèrent leur question.

« Jésus répondit : Je vous ai dit que c'est moi. Si donc c'est moi que vous cherchez, laissez aller ceux-ci. » Jean 18:8

« Dès que le morceau fut donné, Satan entra dans Judas. Jésus lui dit : Ce que tu fais, fais-le promptement. » Jean 13:27

Judas, qui doit faire vite, sort et se suicide.

Passons maintenant au processus. Vous vous trouvez dans votre jardin de Gethsémani ou dans votre esprit préparé si vous le pouvez, dans un état proche du sommeil, contrôlez alors votre attention et ne la laissez pas s'éloigner de son objectif. Si vous y parvenez, vous vous trouvez bel et bien dans le jardin.

Très peu de personnes peuvent s'asseoir tranquillement sans entrer dans une rêverie ou un état de pensée quelconque et incontrôlé. Lorsque vous êtes en mesure de restreindre l'action mentale et de rester fidèle à votre vision, ne pas permettre à votre attention de vagabonder partout, mais la maintenir sans effort dans un champ limité de présentation de l'état que vous contemplez, alors vous êtes définitivement cette présence disciplinée dans le jardin de Gethsémani.

Le suicide de Judas n'est rien d'autre que le changement de votre concept de vous-même.

Lorsque vous savez ce que vous désirez être, vous avez trouvé votre Jésus ou votre sauveur. Lorsque vous assumez être ce que vous désirez être, vous êtes mort à votre ancien concept de vous-même (Judas s'est suicidé) et vous vivez désormais en tant que Jésus. Vous pouvez à volonté vous détacher du monde qui vous entoure et vous attacher à ce que vous désirez incarner dans votre monde.

Maintenant que vous m'avez trouvé, maintenant que vous avez trouvé ce qui vous sauverait de ce que vous êtes, lâchez ce que vous êtes et tout ce qu'il représente dans le monde. Détachez-vous complètement de cet état. En d'autres termes, allez vous suicider.

Vous mourrez ainsi complètement à ce que vous représentiez auparavant dans ce monde, et vous vivrez dès lors pleinement l'état que personne ne voyait en vous auparavant. Vous vous sentez comme si vous étiez mort de votre propre main, comme si vous vous étiez suicidé. Vous avez pris votre propre vie en vous détachant en conscience de ce que vous mainteniez auparavant en vie, et vous commencez à vivre selon ce que vous avez découvert dans votre jardin. Vous avez trouvé votre sauveur.

Il ne s'agit pas là de la chute d'un homme, ni de la trahison d'un autre homme, mais du détachement de votre attention et de son recentrage dans une direction entièrement nouvelle. À partir de ce moment, vous marchez comme si vous étiez ce que vous désiriez être auparavant. En restant fidèle à votre nouvelle conception de vous-même, vous mourez ou vous vous suicidez. Personne n'a pris votre vie, c'est vous qui y avez mis fin.

Vous devez être en mesure de voir la relation avec la mort de Moïse, qui s'est effacé à un tel point que personne n'a jamais su trouver l'endroit où il était enterré. Vous devez comprendre la signification de la mort de Judas. Il ne s'agit pas d'un homme ayant trahi un autre homme appelé Jésus.

Le mot Judas signifie louange ; c'est « Judah » de louer, de remercier, d'exploser de joie. Vous n'explosez pas de joie si vous n'êtes pas identifié à l'idéal que vous recherchez et que vous désirez incarner dans ce monde. Lorsque vous vous identifiez à l'état que vous contemplez, vous ne pouvez pas réprimer votre joie. Elle monte comme l'odeur parfumée décrite comme Jéricho dans l'Ancien Testament.

J'essaie de vous montrer que les anciens ont raconté la même histoire dans tous les récits de la Bible. Tout ce qu'ils essaient de nous dire, c'est comment devenir ce que nous désirons être. Et ils laissent entendre dans chaque histoire que nous n'avons pas besoin de l'aide d'un autre. Vous n'avez pas besoin de quelqu'un d'autre pour devenir ce que vous désirez vraiment être.

Nous allons à présent aborder une histoire étrange issue de l'Ancien Testament, que très peu de prêtres et de rabbins osent évoquer en chaire. Elle parle de quelqu'un sur le point de recevoir la promesse telle que vous la recevez maintenant. Son nom est Jésus, mais les anciens l'appelaient Josué, Jehoshua Ben Nun, ou le sauveur, fils du poisson, le sauveur des grands fonds. NUN signifie poisson, et le poisson est l'élément des profondeurs, de l'océan profond. Jehoshua signifie Jéhovah, celui qui sauve, et Ben signifie la descendance ou le fils de. C'est ainsi qu'on appela Celui qui devint Le pêcheur d'hommes.

Cette histoire se trouve dans le sixième livre de la Bible, le livre de Josué. Une promesse est faite à Josué comme elle est faite à Jésus dans la forme francisée des évangiles de Matthieu, Marc, Luc et Jean.

Dans l'Évangile de Jean, Jésus dit : « Tout ce que tu m'as donné vient de toi » Jean 17:7. « Tout ce qui est à moi est à toi, et tout ce qui est à toi est à moi. » Jean 17:10

Dans le livre de Josué de l'Ancien Testament, il est dit en ces termes : « Tout lieu que foulera la plante de votre pied, je vous le donne. » Josué 1:3

Peu importe l'endroit, analysez la promesse et voyez si vous pouvez l'accepter littéralement. Elle n'est pas physiquement vraie, mais elle l'est psychologiquement. Partout où vous pouvez vous tenir mentalement dans ce monde, vous pouvez le réaliser.

Josué est hanté par cette promesse : partout où il pourra poser son pied (le pied représente la compréhension), chaque lieu que la plante de son pied foulera, lui sera donné. Il veut l'état le plus désirable du monde, la ville parfumée, l'état délicieux appelé Jéricho.

Il se trouve bloqué par les murs infranchissables de Jéricho. Il est à l'extérieur, comme vous êtes aujourd'hui vous-même à l'extérieur. Vous fonctionnez en trois dimensions et vous n'arrivez pas à atteindre le monde de la quatrième dimension où votre désir actuel est déjà une réalité objective concrète. Vous ne semblez pas pouvoir l'atteindre parce que vos sens vous en empêchent. La raison vous dit que c'est impossible, tout ce qui vous entoure vous dit que ce n'est pas la réalité.

Maintenant, vous employez les services d'une prostituée et d'une espionne du nom de Rahab. Le mot Rahab signifie « l'esprit du père ». RAH signifie le souffle ou l'esprit, et AB le père. Nous constatons donc que cette prostituée est l'esprit du père et que le père est la conscience de l'homme d'être conscient, le JE SUIS de l'homme, la conscience de l'homme.

Votre capacité à ressentir est le grand esprit du père, et cette capacité est Rahab dans cette histoire. Elle a deux professions, celle d'espionne et celle de prostituée.

La profession d'espion est la suivante : voyager secrètement et si discrètement que l'on ne peut pas être détecté. Il n'existe pas un seul espion dans ce monde qui puisse voyager avec une discrétion telle qu'il passe inaperçu aux yeux de tous. Il peut être fort habile dans le camouflage de ses activités et ne jamais être appréhendé, mais à chaque instant il court le risque d'être repéré.

Lorsque vous êtes assis tranquillement avec vos pensées, aucun homme au monde n'est assez perspicace pour vous regarder et vous dire où vous vous trouvez mentalement.

Je peux me tenir ici et me placer à Londres. Connaissant très bien Londres, je peux fermer les yeux et assumer que je me trouve réellement à Londres. Si je reste dans cet état suffisamment longtemps, je pourrai m'entourer de l'environnement de Londres comme s'il s'agissait d'un fait objectif solide et concret.

Physiquement, je suis toujours là, mais mentalement, je suis à des milliers de kilomètres et je me suis installé ailleurs. Je n'y vais pas en tant qu'espion, je crée mentalement un ailleurs ici et maintenant. Vous ne pouvez pas me voir habiter là-bas, alors vous pensez que je viens de m'endormir et que je suis encore ici dans ce monde, ce monde tridimensionnel qui se trouve être maintenant San Francisco. En ce qui me concerne physiquement, je suis ici, mais personne ne peut dire où je suis lorsque j'entre dans l'état de méditation.

L'autre profession de Rahab était celle de prostituée, qui consiste à accorder aux hommes ce qu'ils lui demandent sans remettre en cause le droit de l'homme à demander. Si elle est de fait une véritable prostituée, une prostituée absolue, comme son nom l'indique, alors elle possède tout et peut accorder tout ce que l'homme lui demande.

Elle est là pour servir, et non pour remettre en cause le droit de l'homme à rechercher ce qu'il recherche auprès d'elle.

Vous avez en vous la capacité de vous approprier un état sans connaître les moyens qui seront employés pour parvenir à cette fin et vous assumez le sentiment du souhait réalisé sans avoir aucun des talents que les autres prétendent que vous devez posséder pour y parvenir. Lorsque vous vous l'appropriez en conscience, vous avez employé l'espion, et parce que vous pouvez incarner cet état en vous-même en vous le donnant réellement, vous êtes la prostituée, car la prostituée satisfait l'homme qui la cherche.

Vous pouvez être satisfait en vous appropriant le sentiment d'être ce que vous désirez être. Et cette assomption, bien que fausse, c'est-à-dire bien que la raison et les sens la nient, si l'on y persiste, prend de la consistance, s'incarne, se solidifie pour devenir un fait. En incarnant réellement ce que vous avez assumé être, vous avez la capacité d'éprouver une entière satisfaction. Mais tant que cette assomption ne devient pas une réalité tangible et concrète, vous ne serez pas satisfait ; vous serez frustré.

Dans cette histoire, on vous dit que lorsque Rahab est entrée dans la ville pour la conquérir, l'ordre qui lui a été donné était de se rendre au cœur de la ville, au cœur du sujet, au centre même de celui-ci, et d'y rester « jusqu'à ce que Je vienne. Ne va pas de maison en maison, ne quitte pas la chambre supérieure du foyer dans laquelle tu entres. Si tu quittes la maison et qu'il y a du sang sur ta tête, il sera sur ta tête. Mais si tu ne quittes pas la maison et qu'il y a du sang, il sera sur ma tête ».

Rahab entre dans la maison, monte à l'étage supérieur et y reste tandis que les murs s'écroulent. En d'autres termes, nous devons rester d'une humeur élevée si nous voulons marcher avec les plus grands. De manière très voilée, l'histoire raconte que lorsque les murs s'effondrèrent et que Josué entra, la seule personne qui fut sauvée dans la ville était l'espionne et la prostituée qui s'appelait Rahab.

Cette histoire raconte ce que vous pouvez faire dans ce monde. Vous ne perdrez jamais la capacité de vous placer ailleurs et de réussir ici. Vous ne perdrez jamais la capacité de vous donner à vous-même ce que vous êtes assez audacieux pour vous approprier comme étant vrai. Cela n'a rien à voir avec la femme qui a joué ce rôle.

L'explication de l'effondrement des murs est simple. On nous dit qu'il a soufflé sept fois dans la trompette et qu'au septième coup, les murs se sont écroulés et qu'il est entré victorieux dans l'état qu'il recherchait.

Sept est une forme de quiétude, d'immobilité, de repos, le sabbat. C'est l'état dans lequel l'homme se trouve lorsqu'il est totalement convaincu que la chose existe, qu'elle est. Lorsque je parviens à sentir que mon souhait est exaucé et à m'endormir, sans être préoccupé, sans être dérangé, je suis au repos mentalement et j'observe le sabbat ou je sonne sept fois de la trompette. Et lorsque j'en arrive là, les murs s'écroulent. Les circonstances se modifient puis se remodèlent en harmonie avec mon assomption. Au fur et à mesure qu'ils s'écroulent, je rétablis ce que je me suis approprié à l'intérieur. Les murs, les obstacles, les problèmes s'écroulent de leur propre poids si je parviens à atteindre le point d'immobilité en moi.

L'homme qui parvient à fixer dans son esprit une idée, même si le monde la nie, s'il reste fidèle à cette idée, il la verra se manifester. La différence entre tenir l'idée et être tenu par l'idée est énorme. Laissez-vous dominer par une idée au point qu'elle hante votre esprit comme si vous l'étiez. Alors, quoi qu'en disent les autres, vous marchez dans la direction de votre attitude d'esprit fixe. Vous marchez dans la direction de l'idée qui domine l'esprit.

Comme nous en avons discuté la veille, vous n'avez qu'un seul cadeau à offrir, à savoir vous-même. Il n'y a pas d'autre don ; vous devez l'extraire de vous-même en vous l'appropriant. Il est là en vous, maintenant, car la création est terminée. Il n'y a rien à être qui ne soit pas maintenant. Il n'y a rien à créer, car tous les éléments sont déjà à vous, tout est terminé.

Bien que l'homme ne puisse pas se tenir physiquement dans un état, il peut se tenir mentalement dans n'importe quel état souhaité. Par « se tenir mentalement », je veux dire : là, maintenant, à ce moment précis, vous le pouvez. Fermez simplement les yeux et visualisez un endroit autre que celui où vous vous trouvez, et considérez que vous y êtes réellement. Le SENTIMENT est si réel qu'en ouvrant les yeux, vous êtes surpris de constater que vous n'êtes pas physiquement là-bas.

Ce voyage mental dans l'état désiré, avec le sentiment de réalité qui s'ensuit, est tout ce dont vous avez besoin pour le voir se concrétiser. Votre Soi dimensionnellement plus grand a des moyens que le plus petit, ou tridimensionnel, ne connaît pas.

En outre, pour le Vous plus grand, tous les moyens sont bons pour favoriser la réalisation de votre assomption.

Restez dans l'état mental défini comme votre objectif jusqu'à ce qu'il ait le sentiment d'être réel, et toutes les forces du ciel et de la terre se précipiteront pour aider à son incarnation.

Votre Grand Soi influencera les actions et les paroles de tous ceux qui peuvent être utilisés pour aider à la production de votre attitude mentale fixe.

Tournons-nous à présent vers le livre des Nombres pour y trouver une histoire quelque peu étrange. J'espère que certains d'entre vous ont vécu l'expérience décrite dans cet ouvrage.

On y parle de la construction d'un tabernacle sur l'ordre de Dieu. Donc Dieu a ordonné à Israël de lui construire un lieu de culte.

Il en a donné toutes les spécifications : il devait s'agir d'un lieu de culte tout en longueur et mobile devant être recouvert de peau. Faut-il vous en dire plus ? N'est-ce pas là la description même de l'homme ?

« Ne savez-vous pas que vous êtes le temple de Dieu, et que l'Esprit de Dieu habite en vous ? » I Cor. 3:16

Il n'y a pas d'autre temple. Il ne s'agit pas d'un temple construit de la main de l'homme, mais un temple éternel dans les cieux. Ce temple est tout en longueur, il est recouvert d'une peau et il se déplace dans le désert.

« Le jour où le tabernacle fut dressé, la nuée couvrit le tabernacle, la tente d'assignation ; et du soir jusqu'au matin, elle eut sur le tabernacle l'apparence d'un feu. Il en fut continuellement ainsi : la nuée couvrait le tabernacle le jour, et elle avait l'apparence d'un feu la nuit. » Nombres 9:15, 16

L'ordre donné à Israël était de rester jusqu'à ce que la nuée monte le jour et le feu la nuit. « Si la nuée s'arrêtait sur le tabernacle deux jours, ou un mois, ou une année, les enfants d'Israël restaient campés, et ne partaient point ; et quand elle s'élevait, ils partaient ». Nombres 9:22

Vous savez que vous êtes le tabernacle, mais vous vous demandez peut-être ce qu'est la nuée. En méditation, beaucoup d'entre vous ont dû la voir. En méditation, cette nuée, telles les eaux souterraines d'un puits artésien, jaillit spontanément jusqu'à votre tête et se forme en anneaux d'or palpitants. Puis, comme une douce rivière, elle s'écoule de votre tête en un flot d'anneaux d'or vivants.

C'est dans un état méditatif proche du sommeil que la nuée s'élève. C'est dans cet état de somnolence que vous devez assumer que vous êtes ce que vous désirez être, et que vous possédez ce que vous cherchez, car la nuée prendra la forme de votre assomption et façonnera un monde en harmonie avec lui-même. La nuée est simplement le vêtement de votre conscience, et là où votre conscience est placée, vous le serez également dans la chair.

Cette nuée dorée apparaît lors de la méditation. À un certain moment, lorsque vous approchez du sommeil, elle est à la fois très épaisse, très fluide, très vivante et pulsante. Elle commence à monter lorsque vous atteignez l'état de somnolence et de méditation, à la limite du sommeil. Vous ne heurtez pas le tabernacle, vous ne le déplacez pas jusqu'à ce que la nuée commence à s'élever.

La nuée s'élève toujours lorsque l'homme s'approche de la somnolence qui précède le sommeil. En effet, lorsqu'un homme s'endort, qu'il le sache ou non, il passe d'un monde à trois dimensions à un monde à quatre dimensions, et ce qui s'élève, c'est la conscience de cet homme dans une plus grande concentration ; il s'agit d'un focus à quatre dimensions.

Ce que vous voyez maintenant s'élever, c'est votre grand Soi. Lorsqu'il commence à s'élever, vous entrez dans l'état réel du sentiment d'être ce que vous désirez être. C'est le moment où vous vous laissez bercer par le sentiment d'être ce que vous désirez être, soit en expérimentant en imagination ce que vous expérimenteriez en réalité si vous étiez déjà ce que vous désirez être, soit en répétant encore et encore la phrase qui implique que vous avez déjà obtenu ce que vous désiriez, une phrase telle que : « n'est-ce pas merveilleux ? », comme si une chose merveilleuse vous était de fait arrivée.

« Il parle par des songes, par des visions nocturnes, quand les hommes sont livrés à un profond sommeil, quand ils sont endormis sur leur couche. » Job 33:15, 16

Utilisez judicieusement l'intervalle qui précède le sommeil. Prenez le sentiment du souhait réalisé et endormez-vous dans cet état d'esprit. La nuit, dans un monde dimensionnellement plus grand, lorsque le sommeil profond s'abat sur les hommes, ils voient et jouent les rôles qu'ils joueront plus tard sur terre. Et le processus est toujours en harmonie avec ce que leur Soi dimensionnellement plus grand lit et joue à travers eux. Notre illusion de libre arbitre n'est que l'ignorance des causes qui nous font agir.

La sensation qui domine l'esprit de l'homme au moment où il s'endort, bien que fausse, se transformera en fait. En assumant le sentiment du souhait réalisé au moment où nous nous endormons, nous commandons ce processus d'incarnation en disant à notre sentiment : « Sois réel ». Nous devenons ainsi, par un processus naturel, ce que nous désirons être.

Je peux vous raconter des dizaines d'expériences personnelles où il semblait impossible d'aller ailleurs, mais en me plaçant ailleurs mentalement au moment où j'allais m'endormir, les circonstances ont changé rapidement, ce qui m'a contraint à entreprendre le voyage. Je l'ai fait en traversant les eaux, en me plaçant la nuit sur mon lit, comme si je dormais là où je voulais être. Au fil des jours, les choses ont commencé à se modeler en harmonie avec cette assomption et tout ce qui devait arriver pour m'obliger à entreprendre le voyage est arrivé. Et malgré moi, j'ai dû me préparer à aller vers cet endroit où j'assumais me trouver lorsque j'approchais du sommeil profond.

Au fur et à mesure que ma nuée s'élève, je présume que je suis maintenant l'homme que je désire être, ou que je suis déjà à l'endroit où je désire me rendre. Je dors à présent dans cet endroit. Puis la vie heurte le tabernacle, heurte mon environnement et réassemble mon environnement à travers les mers ou les terres et le réassemble à la ressemblance de mon assomption. Cela n'a rien à voir avec des hommes marchant dans un désert physique. Le vaste monde qui nous entoure est un désert.

Du berceau à la tombe, vous et moi marchons comme si nous marchions dans le désert. Mais nous avons un tabernacle vivant où Dieu habite, et il est recouvert d'une nuée qui peut s'élever et qui, de fait, s'élève lorsque nous nous endormons, ou que nous sommes dans un état proche du sommeil. Pas nécessairement en deux jours, il peut s'élever en deux minutes. Pourquoi nous donne-t-on deux jours ? Si je deviens maintenant l'homme que je désire être, je risque d'être insatisfait demain. Je dois au moins me donner un jour avant de décider de passer à autre chose.

La Bible dit que dans deux jours, un mois ou un an, lorsque vous déciderez d'aller de l'avant avec ce tabernacle, la nuée s'élèvera. Au fur et à mesure qu'elle s'élève, vous commencez à vous déplacer là où se trouve la nuée. La nuée est simplement le vêtement de votre conscience, votre assomption. Là où la conscience est placée, nul besoin d'emmener le corps physique ; il y gravite malgré vous. Les choses se produisent pour vous inciter à vous déplacer dans la direction où vous résidez consciemment.

« Il y a plusieurs demeures dans la maison de mon Père. Si cela n'était pas, je vous l'aurais dit. Je vais vous préparer une place. Et, lorsque je m'en serai allé, et que je vous aurai préparé une place, je reviendrai, et je vous prendrai avec moi, afin que là où je suis vous y soyez aussi. » Jean 14:2, 3

Les nombreuses demeures représentent les innombrables états de votre esprit, car vous êtes la maison de Dieu. Dans la maison de mon Père, il existe un nombre incalculable de concepts de soi. Dans l'éternité, vous ne pourrez épuiser ce que vous êtes capable d'être.

Si je m'assois tranquillement ici et que je présume être ailleurs, je suis allé préparer un endroit. Mais si j'ouvre les yeux, la bilocation que j'ai créée disparaît et je reviens ici sous la forme physique que j'ai laissée derrière moi en allant préparer cet endroit. Toutefois, j'ai bel et bien préparé l'endroit et j'y habiterai physiquement avec le temps.

Vous n'avez pas à vous préoccuper des moyens qui seront utilisés pour vous déplacer dans l'espace jusqu'à l'endroit où vous vous êtes rendu et que vous avez préparé mentalement.

Il vous suffit de vous asseoir tranquillement, où que vous soyez, et de le réaliser mentalement.

Mais je vous préviens, ne le traitez pas à la légère, car je sais ce qu'il fera à ceux qui le traitent à la légère. Je l'ai traité à la légère une fois parce que je désirais m'évader simplement en raison de la température du jour qui n'était pas à mon goût. C'était au cœur de l'hiver à New York, et je mourais d'envie de me retrouver dans le climat chaud des Indes, si bien que je me suis endormi cette nuit-là comme si j'étais sous les palmiers. Le lendemain matin, quand je me suis réveillé, c'était encore l'hiver.

Je n'avais pas l'intention de me rendre aux Indes cette année-là, mais des nouvelles bouleversantes m'ont contraint à entreprendre le voyage. C'était en pleine guerre, les navires coulaient à droite et à gauche, mais j'ai quitté New York à bord d'un navire, 48 heures après avoir reçu cette nouvelle. C'était le seul moyen de me rendre à la Barbade, et je suis arrivé juste à temps pour voir ma mère et lui dire « au revoir » en trois dimensions.

Bien que je n'aie pas eu l'intention d'y aller, le Soi profond a regardé où la grande nuée descendait. Je l'avais placé à la Barbade et ce tabernacle (mon corps) se devait de partir et d'entreprendre le voyage pour accomplir le commandement : « Tout lieu que foulera la plante de votre pied, je vous le donne. ». Partout où la nuée descend dans le désert, c'est là que vous reconstituez ce tabernacle.

J'ai quitté New York à minuit sur un bateau sans penser aux sous-marins ou à quoi que ce soit d'autre. Je devais partir. Les choses se sont passées d'une manière que je n'aurais pas pu imaginer.

Aussi je vous préviens, ne prenez pas ce phénomène à la légère. Ne vous dites pas : « Je vais faire une expérience et me placer au Canada, juste pour voir si ça marche ». Vous vous retrouverez au Labrador à vous demander pourquoi vous avez participé à ce cours en premier lieu. Ce phénomène se mettra en place si vous osez assumer le sentiment que votre souhait s'est réalisé au moment de vous endormir.

Contrôlez votre sentiment, votre émotion, au moment de vous endormir. Je ne trouve pas de meilleure façon de décrire cette technique que de l'appeler « rêve éveillé contrôlé ». Dans un rêve, vous perdez le contrôle, mais essayez de faire précéder votre sommeil d'un rêve éveillé complètement contrôlé, en y entrant comme dans un rêve, car dans un rêve, vous êtes toujours dominant, vous y jouez toujours le rôle principal. Dans un rêve, vous êtes toujours un acteur, jamais un spectateur. Lorsque vous faites un rêve éveillé contrôlé, vous êtes un acteur et vous entrez dans l'acte du rêve contrôlé. Mais ne le faites pas à la légère, car vous devez ensuite le rejouer physiquement dans un monde tridimensionnel.

Avant d'entamer notre minute de silence, je tiens à préciser une chose, à savoir l'effort dont nous avons parlé la veille. S'il y a une raison dans ce vaste monde pour laquelle les gens échouent, c'est parce qu'ils ne sont pas conscients d'une loi que les psychologues connaissent aujourd'hui sous le nom de « loi de l'effort inversé ».

Lorsque vous assumez le sentiment de votre souhait réalisé, c'est avec un minimum d'effort. Vous devez contrôler la direction des mouvements de votre attention. Mais vous devez le faire avec le moins d'effort possible. Si le contrôle demande un effort, et que vous l'imposez d'une certaine manière, vous n'obtiendrez pas les résultats escomptés. Vous obtiendrez les résultats inverses, quels qu'ils soient.

C'est pourquoi nous insistons pour établir la base de la Bible lors du sommeil d'Adam.

C'est le premier acte créatif, et il n'y a aucune trace d'un réveil de ce sommeil profond. Pendant qu'il dort, la création s'arrête.

C'est en contrôlant ses pensées dans un état proche du sommeil que l'on modifie le mieux son avenir, car l'effort est alors réduit à son minimum. Votre attention semble se détendre complètement, et vous devez alors vous entraîner à maintenir votre attention dans cette sensation, sans utiliser de force, ni d'effort.

Ne pensez pas un instant que la volonté y joue un rôle quelconque. Lorsque vous libérez Barabbas et que vous vous identifiez à Jésus, vous ne voulez pas l'être, vous imaginez que vous l'êtes. C'est tout ce que vous faites.

Maintenant que nous arrivons à la partie essentielle de la soirée, l'intervalle consacré à la prière, permettez-moi de clarifier à nouveau la technique. Ayant conscience de ce que vous désirez. Construisez ensuite un événement unique, un événement qui implique la réalisation de votre souhait. Limitez-le à un acte unique.

Par exemple, si je considère comme un événement le fait de serrer la main d'un homme, c'est la seule chose que je fais. Je ne la serre pas, pour ensuite allumer une cigarette et faire mille autres choses. J'imagine simplement que je suis en train de serrer la main de cet homme et je continue à le faire, encore et encore, jusqu'à ce que l'acte imaginaire ait pris le sens de la réalité.

L'événement doit toujours impliquer la réalisation du souhait. Construisez toujours un événement que vous pensez rencontrer naturellement après la réalisation de votre désir. Vous êtes seul juge de l'événement que vous souhaitez réellement réaliser.

Il y a une autre technique que je vous ai donnée la veille. Si vous ne parvenez pas à vous concentrer sur un acte, si vous ne parvenez pas à vous lover dans votre fauteuil et croire que le fauteuil est ailleurs, tout comme si l'ailleurs était ici, alors faites ceci : Réduisez l'idée, condensez-la en une seule phrase simple telle que : « N'est-ce pas merveilleux ? » ou « Merci » ou « C'est fait » ou « C'est fini ».

Il ne doit pas y avoir plus de trois mots. Ce doit être des mots qui impliquent que le désir est déjà réalisé. Les expressions « N'est-ce pas merveilleux » ou « Merci » le suggèrent. Toutes les phrases ne sont pas bonnes à utiliser. Inventez dans votre propre vocabulaire la phrase qui vous convient le mieux. Mais soyez très très bref, et utilisez toujours une phrase qui implique la réalisation de l'idée.

Une fois que vous avez votre phrase en tête, soulevez la nuée. Laissez-la s'élever en provoquant un état proche du sommeil. Commencez simplement à imaginer et à sentir que vous êtes endormi, et dans cet état, assumez le sentiment que votre souhait est exaucé. Répétez ensuite la phrase en boucle, comme une berceuse. Quelle que soit la phrase, faites-en sorte qu'elle implique que l'assomption est vraie, qu'elle est concrète, que c'est déjà un fait et que vous le savez.

Détendez-vous et entrez dans le sentiment d'être réellement ce que vous désirez être. Ce faisant, vous entrez dans Jéricho avec votre espion qui a le pouvoir de vous le donner.

Vous libérez Barabbas et condamnez Jésus à être crucifié et ressuscité. Vous rejouez tous ces récits maintenant, dès que vous commencez à lâcher prise et à entrer dans le sentiment d'être réellement ce que vous désirez être.

À présent, nous pouvons y aller...

Période de silence.

Si vos mains et votre bouche sont sèches à la fin de cette méditation, c'est que vous avez réussi à soulever la nuée. Ce que vous faisiez lorsque la nuée s'est élevée ne regarde que vous. Mais si vos mains sont sèches, c'est que vous avez réussi à élever la nuée.

Je vais vous donner un autre phénomène très étrange que je ne parviens pas à analyser. Il se produit si vous vous immergez vraiment dans les profondeurs. Au réveil, vous vous apercevrez que vous avez la paire de reins la plus dynamique qui soit. J'en ai discuté avec des médecins et ils ne peuvent pas l'expliquer.

Une autre chose que vous pouvez observer en méditation est la présence d'une sublime lumière bleue liquide. La chose la plus proche sur terre à laquelle je puisse la comparer est l'alcool en combustion. Elle me fait penser au plum-pudding de Noël, lorsqu'on y verse de l'alcool et qu'on y met le feu, une belle flamme bleue liquide l'enveloppe et perdure jusqu'à ce que vous l'éteigniez. Cette flamme est ce qui me rappelle le plus la lumière bleue qui apparaît sur le front d'un homme en méditation.

Ne vous inquiétez pas. Vous saurez ce dont je parle quand vous la verrez. C'est comme deux nuances de bleu, un bleu plus foncé et un bleu plus clair en mouvement constant, tout comme l'alcool qui brûle, ce qui n'est pas le cas de la flamme constante d'un jet de gaz. Cette flamme est vivante, tout comme le serait l'esprit.

Une autre chose peut vous arriver comme ça a été le cas pour moi. Vous verrez des taches onduler devant vos yeux. Il ne s'agit pas d'anémie ou de taches de foie comme le prétendront certaines personnes qui n'y connaissent rien. Il s'agit de petits corps flottants dans l'espace comme un maillage, des petits cercles reliés entre eux. Ils partent d'une seule cellule et se dispersent en groupes selon différents motifs géométriques, comme des vers, des caravanes, et ils flottent tout autour de votre visage. Lorsque vous fermez les yeux, vous les voyez encore, ce qui prouve qu'ils ne viennent pas de l'extérieur, mais de l'intérieur.

Lorsque vous commencez à élargir, à développer votre conscience, toutes ces petites choses se manifestent. Il peut s'agir de votre flux sanguin objectivé par un étrange tour de magie que l'homme ne comprend pas tout à fait. Je ne nie pas qu'il s'agit de votre flux sanguin rendu visible, mais ne vous tourmentez pas en pensant qu'il s'agit de taches de foie ou d'autres choses idiotes que les gens inventeront.

Si ces différents phénomènes se présentent à vous, ne pensez pas que vous faites quelque chose de mal. C'est l'expansion normale, naturelle, qui vient à tous les hommes qui se prennent en charge et essaient de développer le jardin de Gethsémani.

Au moment où vous commencez à discipliner votre esprit en observant vos pensées et en les surveillant tout au long de la journée, vous devenez le policier de vos pensées. Refusez d'entrer dans des conversations désagréables, refusez d'écouter tout ce qui démolit.

Commencez à construire dans votre esprit la vision de la vierge parfaite plutôt que celle de la vierge folle. N'écoutez que les choses qui vous apportent de la joie. Ne prêtez pas d'oreille complaisante à ce qui vous déplaît et que vous auriez aimé ne pas avoir entendu. C'est écouter et voir des choses sans huile dans votre lampe, ou sans joie dans votre esprit.

Dans la Bible, il fait mention de deux sortes de vierges : cinq vierges folles et cinq vierges sages.

Dès que vous devenez la vierge sage, ou que vous essayez de le devenir, vous constaterez que toutes ces choses se produisent. Vous verrez ces choses et elles vous intéresseront, de sorte que vous n'aurez pas le temps de développer la vision insensée, comme le font de nombreuses personnes. J'espère que personne ici ne le fait. Car personne ne peut s'identifier à cette grande œuvre s'il éprouve encore de la joie à discuter avec des personnes déplaisantes.

:: 53 ::

LEÇON 3

Penser en quatre dimensions

Il existe deux visions du monde propres à chaque homme, et les conteurs de l'Antiquité en étaient pleinement conscients. Ils appelaient l'un « l'esprit charnel » et l'autre « l'esprit du Christ ».

Nous reconnaissons ces deux centres de pensée dans l'affirmation suivante : « Mais l'homme animal ne reçoit pas les choses de l'Esprit de Dieu, car elles sont une folie pour lui, et il ne peut les connaître, parce que c'est spirituellement qu'on en juge ». I Cor. 2:14

Pour l'esprit naturel, la réalité est confinée à l'instant appelé « maintenant » ; ce moment même semble contenir toute la réalité, tout le reste est irréel. Pour l'esprit naturel, le passé et le futur sont purement imaginaires. En d'autres termes, mon passé, lorsque j'utilise l'esprit naturel, n'est qu'une image mémorielle de choses qui ont été. Et pour l'objectif limité de l'esprit charnel ou naturel, le futur n'existe pas. L'esprit naturel ne croit pas qu'il puisse revisiter le passé et le voir comme quelque chose de présent, quelque chose d'objectif et de concret pour lui-même, pas plus qu'il ne croit que le futur existe.

Pour l'esprit du Christ, l'esprit spirituel, que nous appellerons dans notre langage le foyer de la quatrième dimension, le passé, le présent et l'avenir de l'esprit naturel forment un tout. Il prend en compte l'ensemble des impressions sensorielles que l'homme a rencontrées, rencontre et rencontrera.

La seule raison pour laquelle vous et moi fonctionnons comme nous le faisons aujourd'hui et ne sommes pas conscients des perspectives plus vastes, c'est simplement parce que nous sommes des créatures d'habitude, et l'habitude nous rend totalement aveugles à ce que nous devrions voir autrement ; mais l'habitude n'est pas une loi. Elle agit comme si elle était la force la plus contraignante au monde, mais elle n'est pas une loi.

Nous pouvons créer une nouvelle approche de la vie. Si vous et moi consacrions quelques minutes par jour à détourner notre attention de la sphère des sensations et à la concentrer sur un état invisible, et si nous restions fidèles à cette contemplation, en sentant et en ressentant la réalité d'un état invisible, avec le temps nous deviendrions conscients de ce monde plus grand, de ce monde dimensionnellement plus grand. L'état envisagé est désormais une réalité concrète, déplacée dans le temps.

Ce soir, alors que nous nous tournons vers les récits de la Bible, c'est à vous de juger où vous en êtes dans votre développement actuel.

Le premier récit de ce soir est tiré du 5ème chapitre de l'Évangile de Marc. Dans ce chapitre, trois histoires sont racontées comme s'il s'agissait d'expériences distinctes des personnages dominants.

Dans le premier récit, on nous dit que Jésus a rencontré un fou, un homme nu qui vivait dans un cimetière et se cachait derrière les tombes. Cet homme a demandé à Jésus de ne pas chasser les démons qui le tourmentaient.

Mais Jésus lui dit : « Sors de cet homme, esprit impur. » Marc 5:8

Ainsi, Jésus chassa les démons afin qu'ils se détruisent eux-mêmes, et nous trouvons cet homme, pour la première fois, vêtu et sain d'esprit, assis aux pieds du Maître. Nous obtiendrons le sens psychologique de ce chapitre en remplaçant le nom de Jésus par celui de la raison éclairée ou de la pensée de la quatrième dimension.

Au fur et à mesure que nous avançons dans ce chapitre, nous apprenons que Jésus rencontre Jaïrus, le grand prêtre d'une synagogue dont l'enfant est mourante. Elle a 12 ans et il demande à Jésus de venir guérir l'enfant. Jésus y consent et, tandis qu'il se dirige vers le foyer du grand prêtre, une femme sur la place du marché touche son vêtement. « Jésus sentit aussitôt en lui-même qu'une force était sortie de lui ; et, en se retournant au milieu de la foule, il dit : Qui a touché mes vêtements ? » Marc 5:30.

La femme qui fut guérie d'une perte de sang dont elle était atteinte depuis 12 ans confessa que c'était elle qui l'avait touché. « Il lui dit : Ma fille, ta foi t'a guérie ; vas en paix ». Marc 5:34

Alors qu'il se dirige vers la maison du grand prêtre, on lui dit que l'enfant est morte et qu'il n'est plus possible de la ramener. Elle n'est plus endormie, mais morte.

« Mais, Jésus, sans tenir compte de ces paroles, dit au chef de la synagogue : Ne crains pas, crois seulement. » Marc 5:36

« Il entra, et leur dit : Pourquoi faites-vous ce tumulte, et pourquoi pleurez-vous ? L'enfant n'est pas morte, mais elle dort. » Marc 5:39

Face à la foule moqueuse, Jésus ferma les portes et emmena avec lui dans la maison de Jaïrus ses disciples, ainsi que le père et la mère de l'enfant morte.

Ils entrèrent dans la chambre où la jeune fille était couchée. « Il la saisit par la main, et lui dit : Talitha koumi, ce qui signifie : Jeune fille, lève-toi, je te le dis ». Marc 5:41

« De ce profond sommeil, la jeune fille émergea, puis elle se leva et marcha, et le Grand Prêtre et tous les autres en furent étonnés. Jésus leur adressa de fortes recommandations, pour que personne ne sût la chose; et il demanda à ce que de la nourriture soit donnée à la jeune fille ». Marc 5:43

Vous êtes, cette nuit même, assis ici, représentés dans ce 5e chapitre de Marc. Un cimetière n'a qu'une seule raison d'être : il s'agit simplement d'un registre des morts. Vivez-vous dans un passé révolu?

Si vous vivez parmi les morts, les préjugés, superstitions et fausses croyances que vous maintenez en vie sont les pierres tombales derrière lesquelles vous vous cachez. Si vous refusez de les laisser partir, vous êtes aussi fou que le fou de la Bible qui suppliait la raison éclairée de ne pas chasser ses démons. Il n'y a aucune différence. Mais la raison éclairée est incapable de protéger les préjugés et les superstitions contre les incursions de la raison.

Aucun homme dans ce monde ayant un préjugé, quelle que soit la nature de ce préjugé, ne peut l'exposer à la lumière de la raison. Dites-moi que vous êtes contre une certaine nation, une certaine race, un certain « -isme », une certaine chose – peu importe ce dont il s'agit – vous ne pouvez pas exposer cette croyance à la lumière de la raison et la faire vivre. Pour qu'elle reste vivante dans votre monde, vous devez la cacher à la raison. Vous ne pouvez pas l'analyser à la lumière de la raison et la faire vivre. Lorsque ce foyer de la quatrième dimension vient vous montrer une nouvelle approche de la vie et chasse de votre propre esprit toutes ces choses qui vous tourmentaient, vous êtes alors purifié et « vêtu » d'un esprit sain. Et vous vous asseyez au pied de la compréhension, que l'on appelle les pieds du Maître.

Maintenant vêtu et sain d'esprit, vous pouvez ressusciter les morts. Quels morts ? L'enfant de l'histoire n'est pas une enfant. L'enfant représente votre ambition, votre désir, les rêves inassouvis de votre cœur. C'est l'enfant logé dans l'esprit de l'homme. Car, comme je l'ai déjà dit, l'histoire entière de la Bible est psychologique. La Bible ne fait référence à aucune personne ayant jamais existé, ni à aucun événement survenu sur terre. Toutes les histoires de la Bible se déroulent dans l'esprit de chaque homme.

Dans cette histoire, Jésus est l'intellect éveillé de l'homme. Lorsque votre esprit fonctionne en dehors de la portée de vos sens actuels, lorsque votre esprit est guéri de toutes les anciennes limitations, alors vous n'êtes plus l'homme aliéné ; vous êtes cette présence personnifiée en tant que Jésus, le pouvoir qui peut ressusciter les désirs du cœur de l'homme.

Vous êtes maintenant la femme souffrant d'une perte de sang. Qu'est-ce que cette perte de sang ?

Un utérus perdant du sang n'est pas un utérus productif. Elle l'a maintenu ainsi pendant 12 ans et était dans l'incapacité de concevoir. Elle ne pouvait pas donner forme à son désir à cause des pertes de sang. On vous dit que sa foi l'a guérie. Lorsque l'utérus se referme, il peut donner forme à la graine ou à l'idée.

Lorsque votre esprit est purifié de votre ancien concept de soi, vous assumez que vous êtes ce que vous désirez être, et en restant fidèle à cette assomption, vous donnez forme à votre assomption ou ressuscitez votre enfant. Vous êtes la femme purifiée du sang et vous vous dirigez vers la maison de l'enfant mort.

L'enfant ou l'état que vous désiriez est maintenant votre concept fixe de vous-même. Mais maintenant que j'ai assumé que je suis ce que je désirais être, je ne peux pas continuer à désirer ce que je suis conscient d'être. Je n'en parle donc pas. Je ne parle à personne de ce que je suis. Il est tellement évident pour moi que je suis ce que je désirais être que je marche comme si je l'étais.

En marchant comme si j'étais ce que je voulais être autrefois, mon monde à l'attention limitée ne le voit pas et pense que je ne le désire plus. L'enfant est morte dans leur monde ; mais moi, qui connais la loi, je dis : « L'enfant n'est pas morte. » La jeune fille n'est pas morte, elle dort. Je la réveille maintenant. Par mon assomption, je réveille et je rends visible, dans mon monde, ce que j'assume, car les assomptions, si elles sont soutenues, réveillent invariablement ce qu'elles affirment.

Je ferme la porte. Quelle porte ? La porte de mes sens. Je me ferme tout simplement à tout ce que mes sens me révèlent. Je nie l'évidence de mes sens. Je suspends la raison limitée de l'homme naturel et je marche dans cette affirmation audacieuse que je suis ce que mes sens nient.

La porte de mes sens étant fermée, qu'est-ce que j'emmène dans cet état de discipline ? Je n'emmène personne dans cet état, sauf les parents de l'enfant et mes disciples. Je ferme la porte à la foule moqueuse. Je ne cherche plus de confirmation. Je nie complètement l'évidence de mes sens, qui se moquent de mon assomption, et je ne discute pas avec les autres pour savoir si mon assomption est possible ou non.

Qui sont les parents ? Nous avons découvert que le père et la mère de toute la création est le JE SUIS de l'homme. La conscience de l'homme est Dieu. Je suis conscient de l'état. Je suis le père et la mère de toutes mes idées, et mon esprit reste fidèle à ce nouveau concept de soi. Mon esprit est discipliné. J'accueille les disciples dans cet état et j'exclue de cet état tout ce qui le nierait.

Maintenant, l'enfant, sans l'aide d'un homme, est ressuscité. La condition que je désirais et que j'assumais avoir s'objective dans mon monde et témoigne de la puissance de mon assomption.

C'est à vous de juger, je ne peux pas vous juger. Soit vous vivez maintenant dans un passé révolu, soit vous vivez comme la femme dont le sang a cessé de couler.

Pourriez-vous me répondre si je vous posais la question ?

« Croyez-vous sincèrement, à ce moment précis, que, sans l'aide d'un autre, il vous suffit d'assumer que vous êtes ce que vous désirez être, pour que cette assomption devienne réalité dans votre monde ? Ou croyez-vous que vous devez d'abord remplir une certaine condition imposée par le passé, que vous devez être d'un certain ordre, ou d'un certain quelque chose ? » Je ne critique pas certaines églises ou certains groupes, mais il y a des gens qui croient que toute personne en dehors de leur église ou de leur groupe doit être sauvée. Je suis né protestant. Pour un protestant, il n'y a qu'une sorte de chrétiens : les protestants.

Si vous parlez à un catholique, il n'y a qu'une sorte de chrétiens : les catholiques. Si vous parlez à un juif, les chrétiens sont des païens et les juifs sont des élus. Si vous parlez à un musulman, les juifs et les chrétiens sont des infidèles. Si vous parlez à quelqu'un d'autre, tous ces gens sont pour lui des « intouchables » ou des incultes. Peu importe à qui vous parlez, il considère toujours son groupe comme celui des élus.

Si vous croyez qu'il faut être l'un d'entre eux pour être sauvé, vous êtes encore un fou qui se cache derrière ces superstitions et ces préjugés du passé, et vous implorez de ne pas être purifié.

Certains d'entre vous me disent : « Ne me demandez pas de renoncer à ma foi en Jésus l'homme, en Moïse l'homme ou en Pierre l'homme. Si vous me demandez d'abandonner ma foi en ces personnages, c'est trop demander. Laissez-moi garder ces croyances parce qu'elles me réconfortent. Je peux tout à fait croire qu'ils ont vécu sur terre tout en suivant votre interprétation psychologique de leurs histoires. »

Ce à quoi je réponds : sortez de ce passé mort ! Sortez de ce cimetière et marchez, en sachant que vous et votre Père êtes un, et que votre Père, que les hommes appellent DIEU, est votre propre conscience. C'est la seule loi créatrice au monde.

De quoi êtes-vous conscient d'être ? Bien que vous ne puissiez pas voir votre objectif avec la focalisation limitée de votre esprit tridimensionnel, vous êtes maintenant ce que vous avez assumé être. Marchez dans cette assomption et restez-y fidèle.

Dans cette dimension de votre être, le temps bat lentement et il se peut que vous ne vous souveniez pas, même après avoir objectivé votre assomption, qu'il fut une période où cette réalité présente n'était qu'une attitude de l'esprit. En raison de la lenteur des battements du temps ici, vous ne voyez souvent pas la relation entre votre nature intérieure et le monde extérieur qui en témoigne.

À vous de juger de la place que vous occupez aujourd'hui dans ce 5ème chapitre de Marc. Ressuscitez-vous l'enfant morte ? Avez-vous encore besoin que l'on ferme l'utérus de votre esprit ? Perd-il encore du sang et ne peut-il donc pas être fécond ? Êtes-vous maintenant l'homme fou qui vit dans un passé mort ? Vous êtes le seul juge possible et le seul en mesure de répondre à ces questions.

Nous allons à présent nous pencher sur un récit du 5ème chapitre de l'Évangile de Jean. Il vous montrera avec quelle beauté les anciens conteurs racontaient les deux perspectives distinctes de ce monde -

l'une, la concentration limitée à trois dimensions, et la seconde, la concentration de la quatrième dimension.

Cette histoire parle d'un homme impotent qui trouve rapidement la guérison. Jésus arrive à un endroit appelé Béthesda, ce qui, par définition, signifie « la maison aux cinq porches ». Sur ces cinq porches se trouvent un nombre incalculable d'impotents : boiteux, aveugles, atrophiés, paralysés, entre autres. La tradition veut qu'à certaines saisons de l'année, un ange descende et agite la piscine qui se trouve près de ces cinq porches. Lorsque l'ange agite la piscine, le premier à y entrer guérit. Mais seulement le premier, pas le second.

Jésus, voyant un homme boiteux depuis sa naissance, lui dit : « Veux-tu être guéri ? ». Jean 5:6

« Le malade lui répondit : Seigneur, je n'ai personne pour me mettre dans la piscine quand l'eau est agitée ; mais pendant que je m'y dirige, un autre descend avant moi. » Jean 5:7

« Lève-toi, lui dit Jésus. Prends ton lit, et marche ». Jean 5:8

« Aussitôt, cet homme fut guéri ; il prit son lit, et marcha, et le sabbat eut lieu le même jour ». Jean 5:9

Vous lisez cette histoire et vous pensez qu'un homme étrange, doté d'un pouvoir miraculeux, a soudain dit au boiteux : « Lève-toi et marche ». Je ne saurais trop répéter que l'histoire, même lorsqu'elle présente une multitude d'individualités, se déroule dans l'esprit de chaque homme.

La piscine est votre conscience. L'ange est une idée, appelée le messager de DIEU. La conscience étant Dieu, lorsque vous avez une idée, vous entretenez un ange. Dès que vous êtes conscient d'un désir, votre piscine est agitée.

Le désir agite l'esprit de l'homme. Vouloir quelque chose, c'est être agité.

Dès que vous avez une ambition ou un objectif clairement défini, la piscine a été agitée par l'ange qui représente le désir. On vous dit que le premier qui entre dans la piscine agitée guérit toujours.

Mes compagnes les plus proches dans ce monde, ma femme et ma fille, sont secondaires pour moi, lorsque je m'adresse à elles. Je dois dire à ma femme : « Tu es ». Je dois dire à toute personne, quelle que soit sa proximité : « Tu es ». Et ensuite la troisième personne : « Il ou elle est ». Il n'y a qu'une seule personne au monde avec laquelle je peux utiliser la première personne du présent, et c'est moi-même. « Je suis » ne peut être dit que de moi-même, il ne peut être dit d'une autre personne.

Par conséquent, lorsque je suis conscient d'un désir que je souhaite être, mais que je semble ne pas être, la piscine étant agitée, qui peut entrer dans cette piscine avant moi ? Je suis le seul à posséder le pouvoir de la première personne. Je suis ce que je désire être.

Si je ne crois pas être ce que je désire être, je reste ce que j'étais auparavant et je meurs dans cette limitation.

Dans cette histoire, vous n'avez pas besoin de quiconque pour vous mettre dans la piscine, car votre conscience est agitée par le désir. Tout ce que vous avez à faire, c'est de présumer que vous êtes déjà ce que vous désiriez être et que vous vous trouvez dans la piscine, et aucun homme ne peut y entrer avant vous. Quel homme peut entrer avant vous lorsque vous devenez conscient d'être ce que vous désirez être ? Personne ne peut vous précéder lorsque vous êtes le seul à posséder le pouvoir de dire « JE SUIS ».

Telles sont les deux perspectives. Vous êtes maintenant ce que vos sens nieraient. Avez-vous l'audace d'assumer que vous êtes déjà ce que vous désirez être ? Si vous osez assumer que vous êtes déjà ce que votre raison et vos sens nient actuellement, alors vous vous trouvez dans la piscine et, sans l'aide de personne, vous vous lèverez vous aussi, prendrez votre fauteuil et marcherez.

On vous dit que c'est arrivé le jour du sabbat. Le sabbat n'est que le sens mystique de l'immobilité, lorsque vous n'êtes pas inquiet, lorsque vous n'êtes pas anxieux, lorsque vous ne cherchez pas de résultats, sachant que les signes suivent et ne précèdent pas.

Le sabbat est un jour de quiétude où l'on ne travaille pas. Lorsque vous ne travaillez pas pour qu'il en soit ainsi, vous êtes dans le sabbat. Lorsque vous ne vous préoccupez pas du tout de l'opinion des autres, lorsque vous marchez comme si vous étiez déjà, vous ne pouvez pas lever le petit doigt pour qu'il en soit ainsi, vous êtes dans le sabbat. Je ne peux pas me préoccuper de la façon dont les choses se passeront et dire que je suis conscient de l'être. Si je suis conscient d'être libre, en sécurité, en bonne santé et heureux, je maintiens ces états de conscience sans effort ni travail de ma part. C'est pourquoi je suis dans le sabbat, et c'est parce que c'était le sabbat qu'il s'est levé et a marché.

❧ ❧ ❧

Notre prochaine histoire est issue du 4ème chapitre de l'Évangile de Jean, elle fait partie de celles dont on a l'habitude d'entendre parler. Certainement l'avez-vous entendue à maintes occasions.

Jésus arrive au puits où se trouve une femme appelée la femme samaritaine, et il lui dit : « Donne-moi à boire. » Jean 4:7

« La femme samaritaine lui dit : Comment toi, qui es Juif, me demandes-tu à boire, à moi qui suis une femme samaritaine ? Les juifs, en effet, n'ont pas de relation avec les Samaritains. » Jean 4:9

« Jésus lui répondit : Si tu connaissais le don de Dieu, et si tu savais qui est celui qui te dit : Donne-moi à boire ! tu lui aurais toi-même demandé à boire, et il t'aurait donné de l'eau vive ». Jean 4:10

La femme, voyant qu'il n'a rien pour puiser l'eau, et sachant que le puits est profond, dit : « Es-tu plus grand que notre père Jacob, qui nous a donné ce puits, et qui en a bu lui-même, ainsi que ses fils et son troupeau ? » Jean 4:12

Jésus lui répond : « Quiconque boit de cette eau aura encore soif ; mais celui qui boira de l'eau que je lui donnerai n'aura plus jamais soif, et l'eau que je lui donnerai sera en lui une source d'eau qui jaillira jusque dans la vie éternelle ». Jean 4:13, 14

Puis il lui dit tout ce qui la concerne et lui demande d'aller appeler son mari. Elle répond : « Je n'ai point de mari. » Jean 4:17

« Jésus lui dit : Tu as eu raison de dire : je n'ai point de mari. Car tu as eu cinq maris, et celui que tu as maintenant n'est pas ton mari. » Jean 4:17, 18

La femme, sachant que c'est vrai, se rend sur la place du marché et dit aux autres : « J'ai rencontré le Messie ».

Ils lui demandent alors : « Comment sais-tu que tu as rencontré le Messie ? ».

– « Parce qu'il m'a raconté tout ce que j'ai fait », répond-elle.

Les disciples s'approchent de Jésus et lui disent : « Rabbi, mange ». Jean 4:31

Mais il leur dit : – « J'ai à manger une nourriture que vous ne connaissez pas. » Jean 4:32

Lorsqu'ils lui parlent de la moisson qui n'aura lieu que dans quatre mois, Jésus répond : « Ne dites-vous pas qu'il y a encore quatre mois jusqu'à la moisson ? Voici, je vous le dis, levez les yeux, et regardez les champs qui déjà blanchissent pour la moisson. » Jean 4:35

Il voit des choses que les gens attendent d'ici quatre mois ou quatre ans ; il les voit maintenant dans un monde dimensionnellement plus grand, existant maintenant, se déroulant maintenant.

Revenons à la première partie de l'histoire. La femme samaritaine est le vous tridimensionnel, et Jésus au puits est le vous quadridimensionnel. La dispute commence entre ce que vous désirez être et ce que la raison vous dit que vous êtes. Le grand Soi vous dit que si vous osiez assumer que vous êtes déjà ce que vous désirez être, vous le deviendriez.

Le petit Soi, avec son objectif limité, vous dit : « Tu n'as pas de seau, pas de corde et le puits est profond. Comment prétends-tu atteindre la profondeur de cet état sans moyens pour y parvenir ? »

Vous lui répondez : « Si tu savais qui te demande de boire, tu lui demanderais toi aussi à boire. » Si vous saviez ce qui, en vous, vous pousse à incarner l'état que vous recherchez maintenant, vous suspendriez votre étroite vision et le laisseriez faire à votre place.

Il vous dit ensuite que vous avez cinq maris, et vous le niez. Mais il sait mieux que vous que vos cinq sens vous imprègnent matin, midi et soir de leurs limites. Ils vous disent quels enfants vous allez mettre au monde ce soir, demain et les jours suivants. Car vos cinq sens agissent comme cinq maris qui fécondent constamment votre conscience, qui est la grande matrice de DIEU ; et matin, midi et soir, ils vous suggèrent et vous dictent ce que vous devez accepter comme vrai.

Il vous dit que celui que vous aimeriez avoir pour mari n'est pas votre mari. En d'autres termes, le sixième ne vous a pas encore fécondée. Ce que vous voudriez être est nié par ces cinq-là, et ils détiennent le pouvoir, ils dictent ce que vous accepterez comme vrai. Ce que vous aimeriez accepter n'a pas encore pénétré votre esprit et ne l'a pas encore imprégné de sa réalité. Celui que vous appelez votre mari n'est pas vraiment votre mari. Vous ne portez pas son image. Porter sa ressemblance est la preuve que vous êtes sa femme, du moins que vous l'avez connu intimement. Vous ne portez pas la ressemblance du sixième, vous ne portez que la ressemblance des cinq.

Puis l'un d'eux se tourne vers moi et me raconte tout ce que j'ai connu et vécu. Je remonte dans mon esprit et la raison me dit que, tout au long de ma vie, j'ai toujours accepté les limites de mes sens, je les ai toujours considérées comme des faits ; et matin, midi et soir, j'ai témoigné de cette acceptation.

La raison me dit que je n'ai connu que ces cinq sens depuis ma naissance. Maintenant, j'aimerais sortir de la limitation de mes sens, mais je n'ai pas encore trouvé en moi le courage d'assumer que je suis ce que ces cinq-là nieraient que je suis. Je reste donc ici, conscient de ma tâche, mais sans le courage d'aller au-delà des limites de mes sens et de ce que ma raison nie.

Il leur dit : « J'ai une viande que vous ne connaissez pas. Je suis le pain qui tombe du ciel. Je suis le vin. » Je sais ce que je désire être, et parce que je suis ce pain, je me délecte, je me réjouis. J'assume que je suis, et au lieu de me réjouir du fait que je suis dans cette pièce en train de vous parler et que vous m'écoutez, et que je suis à Los Angeles, je me réjouis du fait que je suis ailleurs et je marche ici comme si j'étais ailleurs. Et peu à peu, je deviens ce dont je me délecte, je deviens ce dont je me réjouis.

Permettez-moi de vous raconter deux histoires personnelles. Lorsque j'étais enfant, je vivais dans un environnement très limité, sur une petite île appelée la Barbade. Les aliments pour animaux étaient très rares et très chers, car ils étaient importés.

Je faisais partie d'une famille de 10 enfants et ma grand-mère vivait avec nous, ce qui faisait des tablées de 13.

Je me souviens que ma mère disait souvent à la cuisinière en début de semaine : « Je veux que tu mettes trois canards de côté pour le dîner de dimanche », ce qui signifiait qu'elle devait prendre trois canards dans la cour, les enfermer dans une toute petite cage et les nourrir, les gaver matin, midi et soir de maïs et de toutes les choses dont elle savait que les canards se délecteraient.

Il s'agissait d'un régime totalement différent de celui que nous donnions régulièrement aux canards, car nous maintenions normalement ces oiseaux en vie en les nourrissant de poisson. Nous les maintenions en vie et les engrossions en les nourrissant de poisson parce que le poisson était relativement bon marché et abondant ; mais nous ne pouvions pas manger un oiseau qui se nourrissait de poisson, pas de la manière dont vous et moi apprécions une volaille.

Et c'est effectivement ce que la cuisinière faisait. Elle prenait trois canards et les mettait dans une cage et, pendant sept jours, les gavait de maïs, de lait acidulé et de toutes les choses que nous voulions sentir en mangeant une volaille. Lorsqu'ils étaient tués et servis au dîner sept jours plus tard, c'étaient des oiseaux succulents, nourris au lait et au maïs.

Mais parfois, la cuisinière oubliait de mettre les oiseaux de côté, et mon père, sachant que nous allions manger du canard et croyant qu'elle avait respecté l'ordre, ne prévoyait rien d'autre pour le dîner, en conséquence c'est trois poissons qui étaient déposés sur la table. Ces oiseaux étaient immangeables, tant ils incarnaient leur nourriture.

L'homme est un être psychologique, un penseur. Il ne devient pas ce dont il se nourrit physiquement, mais ce dont il se nourrit mentalement. Nous devenons l'incarnation de ce dont nous nous nourrissons mentalement.

Ces canards ne pouvaient pas être nourris de maïs le matin, de poisson l'après-midi et d'autre chose le soir. Il fallait changer complètement de régime alimentaire. Dans notre cas, nous ne pouvons pas méditer un peu le matin, jurer à midi et faire autre chose le soir. Nous devons suivre un régime mental, pendant une semaine, nous devons changer complètement notre nourriture mentale.

« Au reste, frères, que tout ce qui est vrai, tout ce qui est honorable, tout ce qui est juste, tout ce qui est pur, tout ce qui est aimable, tout ce qui mérite l'approbation, ce qui est vertueux et digne de louange, soit l'objet de vos pensées ». Philippiens 4:8

L'homme est tel qu'il pense dans son cœur. Si je pouvais maintenant choisir le type de nourriture mentale que je veux exprimer dans mon monde et m'en régaler, je le deviendrais.

Laissez-moi vous dire pourquoi je fais ce que je fais aujourd'hui. On était en 1933, dans la ville de New York, et mon vieil ami Abdullah, avec qui j'ai étudié l'hébreu pendant cinq ans, a été à l'origine de la destruction de toutes mes superstitions. Lorsque je lui rendais visite au début, j'étais rempli de superstitions. Je ne pouvais pas manger de viande, je ne pouvais pas manger de poisson, je ne pouvais pas manger de poulet, je ne pouvais manger aucune de ces choses qui vivaient dans le monde. Je ne buvais pas, je ne fumais pas et je faisais des efforts considérables pour vivre une vie de célibat.

Abdullah m'a dit : « Je ne vais pas te dire que tu es fou, Neville, mais tu l'es, tu sais. Toutes ces choses sont stupides ». Mais je refusais d'admettre et de croire qu'elles étaient stupides.

En novembre 1933, j'ai fait mes adieux à mes parents dans la ville de New York alors qu'ils embarquaient pour la Barbade. J'étais en Amérique depuis 12 ans et je n'avais aucune envie de retourner à la Barbade. Je n'avais pas réussi dans la vie et j'avais honte de rentrer chez moi alors que les membres de ma famille s'étaient démarqués professionnellement ou socialement. Après 12 ans passés dans le pays, j'étais un échec à mes propres yeux. J'étais dans le théâtre et je gagnais de l'argent un mois, que je dépensais le mois suivant. Je n'étais pas ce que j'appellerais, selon leurs critères communs et les miens, une personne accomplie.

Le mois d'après, j'étais au chômage et je n'avais pas d'endroit où aller, si ce n'est dans une petite chambre dans la 75ème rue. J'ai donc rendu visite à mon vieil ami Abdullah et lui ai dit : « Ab, un sentiment étrange m'habite. Pour la première fois en 12 ans, je veux aller à la Barbade. » Il m'a répondu : « Si tu veux y aller, Neville, tu y es déjà allé ».

C'était un langage très étrange pour moi. J'étais à New York, sur la 72ème rue, et il me disait que j'étais allé à la Barbade. Je me suis exclamé : « Comment ça, j'y suis allé, Abdullah ? »

Il m'a dit : « Veux-tu vraiment partir ? » J'ai répondu « oui ».

Il m'a alors dit : « En franchissant cette porte, tu ne marcheras pas dans la 72ème rue, mais dans des rues bordées de palmiers et de noix de coco, car nous sommes à la Barbade. Ne me demande pas comment tu vas faire. Tu es à la Barbade. On ne dit pas « comment » quand on « est là ». Tu y es. Maintenant, va et marche comme si tu y étais ».

Je suis sortie de chez lui, hébété. Je suis à la Barbade. Je n'ai pas d'argent, je n'ai pas de travail, je ne suis même pas bien habillé, et pourtant je suis à la Barbade.

Abdullah n'est pas le genre de personnes dont on remet les paroles en doute.

Pourtant deux semaines plus tard, je n'étais pas plus près de mon but que le jour où je lui avais confié que je voulais aller à la Barbade. Aussi, en le revoyant, je lui dis : « Ab, tu sais que j'ai une grande confiance en toi, mais cette fois, je ne vois pas vraiment comment cela va fonctionner. Je n'ai pas un centime en poche pour me payer le voyage », lui ai-je expliqué.

Vous savez ce que mon vieil ami a fait ? Alors que j'étais assis dans son salon, il s'est levé de sa chaise, s'est dirigé vers son bureau, puis a claqué la porte, ce qui n'était clairement pas une invitation à le suivre. En passant la porte, il m'a dit : « J'ai dit tout ce que j'avais à dire ».

Le 3 décembre, je suis retourné voir Abdullah pour lui répéter que je n'étais pas près d'entreprendre mon voyage. Il a répété sa déclaration : « Tu es à la Barbade ».

Le 6 décembre à midi devait appareiller le vieux Nerissa, le dernier navire à faire route vers la Barbade et à pouvoir m'y emmener pour la raison pour laquelle je souhaitais m'y rendre, c'est-à-dire Noël.

Le matin du 4 décembre, toujours sans emploi, sans argent, et sans endroit spécifique où aller, je me suis couché. Lorsque je me suis levé, j'ai trouvé sous ma porte une lettre de la Barbade envoyée par avion. Lorsque j'ai ouvert la lettre, un petit morceau de papier est tombé sur le sol. Je l'ai ramassé : c'était une traite de 50,00 dollars.

La lettre venait de mon frère Victor et disait : « Je ne te demande pas de venir, Neville, je te l'ordonne ! Nous n'avons jamais passé un Noël où tous les membres de notre famille étaient réunis. Ce Noël serait finalement l'occasion si tu venais ».

Mon frère aîné, Cecil, a quitté la maison avant la naissance du cadet, puis nous avons beaucoup déménagé par la suite, si bien que jamais dans l'histoire de notre famille nous n'avions été tous réunis.

La lettre se poursuivait ainsi : « Tu ne travailles pas, je sais donc qu'il n'y a aucune raison pour que tu ne viennes pas, on t'attend donc ici avant Noël. Les 50 dollars ci-joints te serviront à t'acheter quelques chemises ou une paire de chaussures dont tu auras peut-être besoin pour le voyage. Utilise le bar si tu veux boire. Je t'attendrai à l'arrivée du navire et je paierai tous tes frais et dépenses. J'ai envoyé un communiqué à Furness, Withy & Co. à New York et leur ai demandé de te délivrer un billet lorsque tu te présenteras à leur bureau.

Ces 50 dollars te serviront à acheter l'essentiel. Signe à ta guise à bord du navire. Je m'occuperai de toutes les obligations une fois à terre ».

Je me suis rendu chez Furness, Withy & Co. avec ma lettre.

Ils la lurent et me répondirent : « Nous avons bien reçu le communiqué de M. Goddard, mais malheureusement nous n'avons plus de place sur la traversée du 6 décembre. La seule place disponible est en troisième classe entre New York et St. Thomas. À l'arrivée à St. Thomas, il faudra déposer quelques passagers. Vous pourrez alors voyager en première classe de St. Thomas à la Barbade. Mais entre New York et St. Thomas, vous devrez voyager en troisième classe, tout en ayant accès au restaurant et aux ponts de la première classe ».

J'ai dit : « J'accepte. »

Je suis retourné voir mon ami Abdullah dans l'après-midi du 4 décembre et je lui ai dit : « Ça a marché comme dans un rêve. » Je lui ai raconté ce que j'avais fait, pensant qu'il s'en réjouirait. Savez-vous ce qu'il m'a répondu ? « Qui t'a dit que tu devais voyager en troisième classe ? Est-ce que je t'ai vu à la Barbade, l'homme que tu es, voyager en troisième classe ? Tu es à la Barbade et tu y es allé en première classe. »

Je n'ai pas eu le temps de le revoir avant d'embarquer le 6 décembre à midi. Lorsque je suis arrivé sur le quai avec mon passeport et mes papiers pour monter à bord du navire, l'agent m'a dit : « Nous avons de bonnes nouvelles pour vous, M.Goddard. Il y a eu une annulation, vous pouvez voyager en première classe »

Abdullah m'a enseigné l'importance de rester fidèle à une idée et de ne pas faire de compromis. J'ai hésité, mais il est resté fidèle à l'idée que j'étais à la Barbade et que j'avais voyagé en première classe, ce qui a fini par arriver.

Revenons maintenant à la signification de nos deux récits bibliques. Le puits est profond et vous n'avez ni seau ni corde. Il reste quatre mois avant la moisson et Jésus dit : « J'ai une viande que vous ne connaissez pas. Je suis le pain du ciel. »

Nourrissez-vous de l'idée, identifiez-vous à l'idée comme si vous étiez déjà cet état incarné. Marchez en partant du principe que vous êtes ce que vous désirez être. Si vous vous nourrissez de cette idée et restez fidèle à ce régime mental, vous la cristalliserez. Vous le deviendrez dans ce monde.

Lorsque je suis revenu à New York en 1934, après trois mois paradisiaques à la Barbade, j'ai bu, j'ai fumé et j'ai fait tout ce que je n'avais pas fait depuis des années. Je me suis souvenu de ce qu'Abdullah m'avait dit : « Après avoir prouvé cette loi, tu deviendras un homme normal, Neville. Tu sortiras de ce cimetière, tu sortiras de ce passé mort où tu penses être un saint. Car tout ce que tu fais vraiment, Neville, c'est être bon, mais au final tu es un bon à rien. »

Je suis revenu sur cette terre complètement transformé. À partir de ce jour de février 1934, j'ai commencé à vivre toujours plus intensément. Je ne peux pas vous dire honnêtement que j'ai toujours réussi. Mes nombreuses erreurs dans ce monde, mes nombreux échecs me condamneraient si je vous disais que j'ai si bien maîtrisé les mouvements de mon attention que je peux à tout moment rester fidèle à l'idée que je souhaite incarner.

Mais je peux dire que, même si je semble avoir échoué dans le passé, je vais de l'avant et m'efforce jour après jour de devenir ce que je désire incarner dans ce monde. Oubliez votre jugement, refusez d'accepter ce que la raison et les sens vous dictent aujourd'hui, et si vous restez fidèle au nouveau régime, vous deviendrez l'incarnation de l'idéal auquel vous restez fidèle.

S'il y a un endroit au monde qui ne ressemble pas à ma petite île de la Barbade, c'est bien New York. À la Barbade, l'immeuble le plus haut a trois étages et les rues sont bordées de palmiers, de cocotiers et de toutes sortes d'éléments tropicaux. À New York, il faut aller dans un parc pour trouver un arbre.

Pourtant, j'ai dû marcher dans les rues de New York comme si je marchais dans les rues de la Barbade. Avec l'imagination, tout est possible. J'ai marché en ayant l'impression de marcher dans les rues de la Barbade et, dans cette assomption, je pouvais presque sentir l'odeur des allées bordées de cocotiers. J'ai commencé à créer dans mon esprit l'atmosphère que je rencontrerais physiquement si je m'étais de fait trouvé à la Barbade.

Comme je suis resté fidèle à cette assomption, quelqu'un a annulé son billet et j'ai pu en bénéficier. Mon frère, à la Barbade, qui n'avait jamais pensé à mon retour, a eu le besoin impérieux de m'écrire une lettre quelque peu étrange. Il ne m'avait jamais écrit de lettre, mais cette fois-ci, il l'a fait et a pensé qu'il était à l'origine de l'idée de ma visite.

Je suis rentré chez moi, j'ai passé trois mois paradisiaques, je suis revenu en première classe et j'ai ramené une belle somme d'argent en poche, un cadeau. Mon voyage, si je l'avais payé, m'aurait coûté 3000 dollars, mais je l'ai fait sans un sou en poche.

« J'ai des voies que vous ne connaissez pas. Mes voies ne sont plus à découvrir. » Le Moi dimensionnellement plus grand a pris mon assomption comme un ordre et a influencé le comportement de mon frère pour qu'il écrive cette lettre, a influencé le comportement de quelqu'un pour qu'il annule ce billet en première classe, et a fait toutes les choses nécessaires qui tendraient à la production de l'idée avec laquelle j'étais identifié.

Je m'identifiais au sentiment d'être là. Je dormais comme si j'y étais, et tout le comportement de l'homme était modelé en harmonie avec mon assomption. Je n'ai pas eu besoin d'aller chez Furness, Withy & Co. et de les supplier de m'accorder un billet, en leur demandant d'annuler la réservation d'un passager de première classe. Je n'ai pas eu besoin d'écrire à mon frère pour le supplier de m'envoyer de l'argent ou de me payer un billet. Il pensait être à l'origine de cet acte. En fait, à ce jour, il croit toujours que c'est lui qui a initié le désir de me ramener à la maison.

Mon vieil ami Abdullah m'a simplement dit : « Tu es à la Barbade, Neville. Tu désires y être ; où que tu désires être, tu y es. Vis comme si tu y étais et tu y seras ».

Ce sont les deux perspectives du monde que possède tout homme. Peu importe qui vous êtes. Chaque enfant né d'une femme, quelle que soit sa race, sa nation ou sa croyance, possède deux perspectives distinctes sur le monde. Soit vous êtes l'homme naturel qui ne perçoit pas ce qui est issu de l'Esprit de Dieu, parce que pour vous qui vivez selon la logique, ces perceptions sont pure folie à vos yeux. Ou bien vous êtes l'homme spirituel qui perçoit les choses en dehors des limites de vos sens, parce que toutes les choses sont maintenant des réalités dans un monde dimensionnellement plus grand. Il n'est pas nécessaire d'attendre quatre mois pour récolter.

Vous êtes soit la femme samaritaine, soit Jésus au puits. Vous êtes l'homme qui attend sur les cinq porches qu'on le pousse à entrer dans la piscine ; ou bien vous êtes celui qui peut s'ordonner de se lever et de marcher malgré les autres qui attendent.

Êtes-vous l'homme derrière les pierres tombales du cimetière qui attend et supplie de ne pas être purifié, parce que vous ne voulez pas être démuni de vos préjugés ? L'une des choses les plus difficiles à abandonner pour l'homme, ce sont ses superstitions, ses préjugés. Il s'y accroche comme s'il s'agissait du trésor des trésors.

Lorsque vous êtes purifié et que vous êtes libre, la matrice, votre propre esprit, est automatiquement guérie. Elle devient le terrain préparé où les graines, vos désirs, peuvent prendre racine et pousser jusqu'au bourgeonnement… jusqu'à la manifestation. L'enfant que vous portez maintenant dans votre cœur est votre objectif actuel. Votre désir actuel est un enfant qui est maladif. Si vous assumez que vous êtes maintenant ce que vous désiriez être, l'enfant meurt un instant parce que rien ne vous perturbe plus.

Vous ne pouvez pas être perturbé lorsque vous sentez que vous êtes ce que vous désirez être, car si vous sentez que vous êtes ce que vous désiriez être, vous êtes satisfait de cette assomption. Pour les autres qui jugent superficiellement, vous semblez ne plus désirer, donc, pour eux, le désir ou la jeune fille sont morts. Ils pensent que vous avez perdu votre ambition parce que vous ne parlez plus de votre ambition secrète. Vous vous êtes complètement fait à l'idée. Vous avez assumé être ce que vous désirez être. Vous savez qu'« elle n'est pas morte, elle dort. » « Je vais la réveiller. »

Je marche en assumant que je suis, et tout en marchant, je la réveille tranquillement. Lorsqu'elle se réveille, je fais ce qui est normal et naturel, je lui donne à manger. Je ne vais pas m'en vanter et en parler aux autres. Je me contente de le faire et de ne rien dire à personne. Je nourris cet état que j'aime maintenant avec mon attention. Je le maintiens en vie dans mon monde en devenant attentif à lui.

Les choses auxquelles je ne prête pas attention se fanent et s'étiolent dans mon monde, quelles qu'elles soient. Elles ne naissent pas et ne sont pas nourries. Je les ai fait naître parce que j'ai pris conscience d'être elles. Lorsque je les incarne dans mon monde, ce n'est pas la fin. C'est le début. Maintenant, je suis une mère qui doit maintenir vivant cet état en y étant attentive. Le jour où mon attention se relâche, j'ai retiré mon lait de cet état, et il disparaît de mon monde, tandis que je deviens attentive à autre chose dans celui-ci.

Vous pouvez soit être attentif aux limitations et les nourrir et en faire des montagnes, soit être attentif à vos désirs ; mais pour devenir attentif, vous devez assumer que vous êtes déjà ce que vous désiriez être.

Bien qu'aujourd'hui nous parlions d'une troisième dimension et d'une quatrième dimension, ne pensez pas un seul instant que ces anciens maîtres n'étaient pas pleinement conscients de ces deux centres de pensée distincts dans l'esprit de tous les hommes. Ils les ont personnifiés et ont tenté de montrer à l'homme que la seule chose qui le prive de l'homme qu'il pourrait être, c'est l'habitude. Bien qu'il ne s'agisse pas d'une loi, tous les psychologues vous diront que l'habitude est la force la plus inhibitrice au monde. Elle restreint complètement l'homme, le lie et le rend totalement aveugle à ce qu'il devrait être.

Commencez dès maintenant à vous voir et à vous sentir mentalement comme ce que vous désirez être, et nourrissez-vous de cette sensation matin, midi et soir. J'ai parcouru la Bible à la recherche d'un intervalle de temps supérieur à trois jours et je ne l'ai pas trouvé.

« Jésus leur répondit : Détruisez ce temple, et en trois jours je le relèverai. » Jean 2:19

« Préparez-vous des provisions, car dans trois jours vous passerez ce Jourdain pour aller conquérir en possession le pays dont l'Éternel, votre Dieu, vous donne la possession ». Josué 1:11

Si je pouvais entièrement imprégner mon esprit d'une seule sensation et marcher comme si c'était déjà un fait, on me promet (et je ne trouve aucun démenti dans cet illustre ouvrage) que je n'ai pas besoin de plus d'un régime de trois jours si j'y reste fidèle. Mais je dois être honnête. Si je change de régime en cours de journée, je prolonge l'intervalle de temps.

Vous me demandez : « Mais comment puis-je connaître l'intervalle ? » C'est vous qui déterminez l'intervalle.

Aujourd'hui, dans notre monde moderne, un petit mot sème la confusion chez la plupart d'entre nous. Je le sais car il me troublait jusqu'à ce que je creuse davantage sa signification. Ce mot est « action ». L'action est censée être la chose la plus fondamentale au monde. Ce n'est pas un atome, c'est plus fondamental. Ce n'est pas une partie d'un atome comme un électron, c'est plus fondamental encore que cela. On l'appelle l'unité de quatrième dimension. La chose la plus fondamentale au monde est l'action.

Vous me demanderez alors : « Mais qu'est-ce que l'action ? » Nos physiciens prétendent que c'est l'énergie multipliée par le temps. Réponse qui renforce davantage notre confusion et nous oblige à demander : « L'énergie multipliée par le temps, qu'est-ce que ça veut dire ? » À quoi, ils répondent : « Il n'y a pas de réponse à un stimulus, quelle que soit son intensité, à moins qu'elle ne dure un certain temps. » Il doit y avoir un minimum d'endurance au stimulus, sinon il n'y a pas de réponse. D'autre part, il n'y a pas de réponse au temps s'il n'y a pas un degré minimum d'intensité. Aujourd'hui, la chose la plus fondamentale au monde s'appelle l'action, ou simplement l'énergie multipliée par le temps.

La Bible donne trois jours : la durée est de trois jours pour la réponse dans ce monde. Si j'assume maintenant que je suis ce que je veux être, si j'y suis fidèle et si je marche comme si je l'étais, le délai le plus long donné pour sa réalisation est de trois jours.

S'il y a une chose que vous désirez vraiment ce soir dans ce monde, alors vivez en imagination ce que vous vivriez en chair et en os si vous réalisiez votre objectif et rendez vos oreilles sourdes et vos yeux aveugles à tout ce qui nie la réalité de votre assomption.

En agissant de la sorte, vous pourrez me dire, avant que je ne quitte la ville de Los Angeles, que vous avez concrétisé ce qui n'était qu'un souhait lorsque vous êtes venu ici. Je me réjouirai avec vous de savoir que l'enfant qui était apparemment mort est maintenant vivant. Cette jeune fille n'était pas vraiment morte, elle était simplement endormie. Vous l'avez nourrie dans ce silence parce que vous avez de la viande que personne d'autre ne connaît. Vous lui avez donné de la nourriture et elle est devenue une réalité vivante ressuscitée dans votre monde. Vous pourrez partager votre joie avec moi et je me réjouirai de votre joie.

Le but de ces leçons est de vous rappeler la loi de votre propre être, la loi de la conscience : vous êtes cette loi. Vous n'étiez qu'inconscient de son fonctionnement. Vous avez nourri et maintenu en vie les choses que vous ne souhaitiez pas exprimer dans ce monde.

Relevez mon défi et mettez cette philosophie à l'épreuve. Si elle ne fonctionne pas, ne l'utilisez pas comme doudou. Si elle n'est pas vraie, vous devez la rejeter entièrement. Je sais qu'elle est vraie. Vous ne le saurez pas tant que vous n'aurez pas essayé de la prouver ou de la réfuter.

Trop d'entre nous ont adhéré à des « -ismes » et craignons de les mettre à l'épreuve parce que nous pensons que nous pourrions échouer ; et alors, où en sommes-nous ? Ne souhaitant pas vraiment connaître la vérité à leur sujet, nous hésitons à avoir l'audace de les mettre à l'épreuve. Vous vous dites : « Je sais que ça peut marcher d'une autre manière. Je n'ai pas vraiment envie de le tester. Mais bien que je ne l'aie pas encore réfutée, elle peut encore me réconforter. »

Ne vous faites pas d'illusions, ne pensez pas une seconde que vous êtes avisé ou sage.

Prouvez ou réfutez cette loi. Je sais que si vous essayez de la réfuter, vous la prouverez, et je serai plus riche si vous la prouvez, non pas en dollars, non pas en choses matérielles, mais parce que vous deviendrez le fruit vivant de ce que je crois et j'espère enseigner dans ce monde. Il est de loin préférable que vous soyez une personne accomplie, épanouie et satisfaite après cinq jours d'enseignement, plutôt que de vous voir partir insatisfaits. J'espère que vous aurez l'audace de remettre en question cette instruction et de la prouver ou de la réfuter.

Maintenant, avant de passer à la période de silence, je vais expliquer brièvement la technique. Nous avons deux techniques pour appliquer cette loi. Chacun ici doit à présent savoir exactement ce qu'il désire. Vous devez savoir que si vous ne l'obtenez pas ce soir, vous serez toujours aussi désireux demain d'atteindre cet objectif.

Lorsque vous savez exactement ce que vous désirez, construisez dans votre esprit un événement simple et unique qui implique la réalisation de votre désir, un événement dans lequel le moi prédomine. Au lieu de vous asseoir et de vous regarder comme si vous étiez à l'écran, vous devenez l'acteur du film.

Limitez l'événement à une seule action. Si vous serrez une main parce que cela implique la réalisation de votre désir, faites-le et faites seulement cela. Ne serrez pas la main et ne partez pas ensuite dans votre imagination vers un dîner ou un autre endroit. Limitez votre action à la simple poignée de main et faites-le encore et encore, jusqu'à ce que cette poignée de main prenne la solidité et la distinction de la réalité.

Si vous sentez que vous ne pouvez pas rester fidèle à une action, je veux que vous définissiez votre objectif, puis que vous condensiez l'idée, qui est votre désir, en une seule phrase, une phrase qui implique la réalisation de votre désir, une phrase telle que : « n'est-ce pas merveilleux ? ».

Ou si je me sens reconnaissant parce que je pense que quelqu'un a contribué à la réalisation de mon désir, je peux dire : « merci » et le répéter avec émotion, encore et encore, comme une berceuse, jusqu'à ce que mon esprit soit dominé par la seule sensation de la reconnaissance.

Nous allons maintenant nous asseoir tranquillement sur ces chaises avec l'idée qui implique la réalisation de notre désir réduit en une seule phrase ou en un seul acte. Nous allons détendre et immobiliser nos corps physiques. Ensuite, nous ferons l'expérience en imagination de la sensation que notre phrase ou action condensée affirme.

Si vous vous imaginez en train de serrer la main d'une autre personne, n'utilisez pas votre main physique, laissez-la immobile. Mais imaginez qu'à l'intérieur de votre main se trouve une main plus subtile, plus réelle, qui peut être extraite dans votre imagination. Mettez votre main imaginaire dans la main imaginaire de votre ami qui se tient devant vous et sentez la poignée de main. Gardez votre corps physique immobile même si vous devenez mentalement actif dans ce que vous êtes sur le point de faire.

Faisons à présent place au silence.

LEÇON 4

La seule personne à changer est soi-même

Prenons une minute, si vous le permettez, pour clarifier ce qui a été dit la veille. Une personne a eu l'impression, d'après mon intervention d'hier, que j'étais contre une certaine nation. J'espère que je ne donne pas l'impression d'être contre une quelconque nation, race ou croyance. Si j'ai utilisé une nation, c'était uniquement pour illustrer un point.

Ce que j'ai essayé de vous dire, c'est que nous devenons ce que nous contemplons. C'est la nature de l'amour, comme c'est la nature de la haine, de nous changer à la ressemblance de ce que nous contemplons. Hier, j'ai simplement lu un article de presse pour vous montrer que lorsque nous pensons pouvoir détruire notre image en brisant le miroir, nous ne faisons que nous leurrer nous-mêmes.

Lorsque, par la guerre ou la révolution, nous détruisons des titres qui représentent pour nous l'arrogance et la cupidité, nous devenons à terme l'incarnation de ce que nous pensions avoir détruit. Ainsi, aujourd'hui, les personnes qui pensaient avoir anéanti les tyrans sont elles-mêmes ce qu'elles pensaient avoir détruit.

Afin d'éviter tout malentendu, permettez-moi de poser à nouveau les fondations de ce principe. La conscience est la seule et unique réalité. Nous sommes incapables de voir autre chose que le contenu de notre propre conscience.

C'est pourquoi la haine nous trahit à l'heure de la victoire et nous condamne à être ce que nous condamnons. Toute conquête entraîne un échange de caractéristiques, de sorte que les conquérants deviennent semblables à l'ennemi vaincu. Nous haïssons les autres pour le mal qui est en nous. Les races, les nations et les groupes religieux ont vécu pendant des siècles dans une hostilité intime, et c'est la nature de la haine, comme c'est la nature de l'amour, de nous changer en la ressemblance de ce que nous contemplons.

Les nations agissent envers les autres nations comme leurs propres citoyens agissent les uns envers les autres. Lorsque l'esclavage existe dans un État et que cette nation en attaque une autre, c'est avec l'intention de la réduire en esclavage. Lorsqu'il existe une concurrence économique féroce entre citoyens, l'objectif de la guerre contre une autre nation est de détruire le commerce de l'ennemi. Les guerres de domination sont provoquées par la volonté de ceux qui, au sein d'un État, dominent la fortune des autres.

Nous irradions le monde qui nous entoure par l'intensité de notre imagination et de nos sentiments. Mais dans ce monde tridimensionnel qui est le nôtre, le temps s'écoule lentement. C'est pourquoi nous n'observons pas toujours la relation entre le monde visible et notre nature profonde.

C'est ce que je souhaitais véhiculer. C'est mon principe. Vous et moi pouvons contempler un idéal et le devenir en tombant amoureux de lui.

D'un autre côté, nous pouvons contempler une chose que nous détestons sincèrement et, en la condamnant, nous la deviendrons. Mais en raison de la lenteur du temps dans ce monde tridimensionnel, lorsque nous devenons ce que nous avons contemplé, nous avons oublié qu'auparavant nous voulions le vénérer ou bien le détruire.

La leçon de ce soir est la pierre angulaire de la Bible, alors j'aurai besoin de toute votre attention. La question la plus importante posée dans la Bible se trouve au 16ème chapitre de l'Évangile de St Matthieu.

Comme vous le savez, toutes les histoires de la Bible sont vos histoires ; leurs personnages ne vivent que dans l'esprit de l'homme. Elles ne font référence à aucune personne ayant vécu dans le temps et l'espace, ni à aucun événement survenu sur Terre.

C'est ainsi que se déroule l'histoire relatée dans Matthieu : Jésus se tourne vers ses disciples et leur demande : – « Qui dit-on que je suis, moi, le Fils de l'homme ? » Matt. 16:13

– « Ils répondirent : Les uns disent que tu es Jean-Baptiste ; les autres, Élie ; d'autres encore, Jérémie ou l'un des prophètes ».

Il leur dit : « Mais vous, qui dites-vous que je suis ? ».

– « Simon Pierre répondit : Tu es le Christ, le Fils du Dieu vivant.

Jésus, reprenant la parole, lui dit : – Tu es heureux, Simon, fils de Jonas, car ce n'est pas la chair et le sang qui t'ont révélé cela, mais mon Père qui est dans les cieux. »

– « Et moi, je te dis que tu es Pierre, et que sur cette pierre je bâtirai mon Église ». Matt. 16:14-18

Jésus se tournant vers ses disciples, c'est l'homme qui se tourne vers son esprit discipliné dans la contemplation de soi. Vous vous posez la question : « Qui les hommes disent-ils que je suis ? ». Dans notre langage : « Je me demande ce que les autres pensent de moi ».

Vous répondez : « Certains disent que Jean est revenu, d'autres Elias, d'autres Jérémie, et d'autres encore qu'un ancien prophète est revenu ».

Il est relativement flatteur de s'entendre dire que l'on est ou que l'on ressemble aux grands hommes du passé, mais la raison éclairée n'est pas esclave de l'opinion publique. Elle ne se préoccupe que de la vérité et se pose donc une autre question : « Mais qui dit que je suis ? » En d'autres termes : « Qui suis-je ? »

Si j'ai l'audace d'affirmer que je suis Jésus Christ, on me répondra « Tu es Jésus Christ ».

Lorsque je pourrai l'assumer, le sentir et le vivre avec audace, je me dirai : « La chair et le sang n'auraient pas pu me le dire, mais mon Père qui est aux cieux me l'a révélé. » Je fais alors de ce concept de soi le roc sur lequel j'établis mon église, mon monde.

« Si vous ne croyez pas que c'est moi, vous mourrez dans vos péchés ». Jean 8:24

Puisque la conscience est la seule réalité, je dois assumer que je suis déjà ce que je désire être. Si je ne crois pas que je suis déjà ce que je veux être, alors je reste tel que je suis et je meurs dans cette limitation.

L'homme est toujours à la recherche d'un soutien sur lequel s'appuyer. Il cherche toujours une excuse pour justifier son échec. Cette révélation ne donne à l'homme aucune excuse pour l'échec. L'idée qu'il se fait de lui-même est la cause de toutes les circonstances de sa vie.

Tout changement doit d'abord venir de l'intérieur ; et s'il ne change pas à l'extérieur, c'est parce qu'il n'a pas changé à l'intérieur. Mais l'homme n'aime pas se sentir seul responsable des conditions de sa vie.

« À partir de ce moment-là, beaucoup de ses disciples l'abandonnèrent et cessèrent de l'accompagner. »

« Alors Jésus, se tournant vers les Douze, leur demanda : – Et vous, ne voulez-vous pas aussi partir ? »

« Mais Simon Pierre lui répondit : – Seigneur, vers qui irions-nous ? Tu as les paroles de la vie éternelle. » Jean 6:66-68

Il se peut que je n'aime pas ce que je viens d'entendre, à savoir que je dois me tourner vers ma propre conscience comme étant la seule réalité, le seul fondement sur lequel tous les phénomènes peuvent être expliqués. Il était beaucoup plus facile de vivre lorsque je pouvais blâmer les autres. Il était beaucoup plus facile de vivre lorsque je pouvais blâmer la société pour mes maux ou pointer un doigt de l'autre côté de la mer et blâmer une autre nation. Il était plus facile de vivre lorsque je pouvais blâmer le temps qu'il fait pour ce que je ressens.

Mais me dire que je suis la cause de tout ce qui m'arrive, que je façonne sans cesse mon monde en harmonie avec ma nature profonde, c'est plus que ce que l'homme est prêt à accepter. Si c'est vrai, à qui vais-je m'adresser ? Si ce sont les paroles de la vie éternelle, je dois revenir à elles, même si elles semblent si difficiles à digérer.

Lorsque l'homme comprend pleinement cette idée, il sait que l'opinion publique n'a aucune importance, car les hommes ne font que lui dire qui il est. Le comportement des hommes me dit constamment qui j'ai conçu d'être.

Si j'accepte ce défi et que je commence à le vivre, j'arrive enfin à ce que l'on appelle la grande prière de la Bible. Elle est relatée dans le 17ème chapitre de l'Évangile de saint Jean : « J'ai achevé l'œuvre que tu m'as donnée à faire ». Jean 17:4

« Et maintenant toi, Père, glorifie-moi de toi-même de la gloire que j'avais auprès de toi avant que le monde fût ». Jean 17:5

« Lorsque j'étais avec eux dans le monde, je les gardais en ton nom ; j'ai gardé ceux que tu m'as donnés, et aucun d'eux ne s'est perdu, sinon le fils de perdition ». Jean 17:12

Il est impossible que quoi que ce soit se perde. Dans cette économie divine, rien ne peut se perdre, rien ne peut même mourir. La petite fleur qui a fleuri une fois, fleurit pour toujours. Elle est invisible à nos yeux, ici, avec notre attention limitée, mais elle fleurit pour toujours dans la plus grande dimension de votre être, et demain vous la rencontrerez.

Tout ce que tu m'as donné, je l'ai gardé en ton nom, et je n'ai perdu que le fils de perdition. Le fils de perdition signifie simplement la croyance en la perte. Le fils est un concept, une idée. Perdido représente la perte. Je n'ai vraiment perdu que le concept de perte, car rien ne peut être perdu.

Je peux descendre de la sphère où la chose elle-même vit maintenant, et à mesure que je descends dans la conscience à un niveau inférieur en moi-même, elle disparaît de mon monde. Je dis : « J'ai perdu ma santé. J'ai perdu ma richesse. J'ai perdu ma position dans la communauté. J'ai perdu la foi. J'ai perdu mille choses ». Mais les choses en elles-mêmes, ayant déjà été réelles dans mon monde, ne peuvent jamais cesser de l'être. Elles ne perdent jamais leur réalité au fil du temps.

Par ma descente de conscience à un niveau inférieur, je fais disparaître ces choses de ma vue et je dis : « Elles ont disparu, elles sont terminées dans mon monde. Il me suffit de m'élever au niveau où elles sont éternelles pour qu'elles s'objectivent à nouveau et apparaissent comme des réalités dans mon monde. »

Le point central du 17ème chapitre de l'Évangile de Saint Jean se trouve au 19ème verset : « C'est pour eux que je me suis sanctifié, afin qu'eux aussi soient sanctifiés par la vérité ».

Jusqu'à présent, je pensais pouvoir changer les autres à force d'efforts. Maintenant, je sais que je ne peux pas changer les autres si je ne me change pas d'abord moi-même. Pour changer quelqu'un dans mon monde, je dois d'abord changer l'idée que je me fais de cet autre ; et pour ce faire, je dois changer l'idée que je me fais de moi-même. Car c'est l'idée que je me faisais de moi-même qui m'a amené à voir les autres comme je le faisais.

Si j'avais eu une conception noble et digne de moi-même, je n'aurais jamais pu voir ce qu'il y a de désagréable chez les autres.

Au lieu d'essayer de changer les autres par l'argumentation et la force, laissez-moi simplement m'élever en conscience à un niveau supérieur et je changerai automatiquement les autres en me changeant moi-même. Il n'y a personne d'autre à changer que soi ; ce soi est simplement votre conscience et le monde dans lequel il vit est déterminé par le concept que vous avez de vous-même. C'est vers la conscience que nous devons nous tourner comme vers la seule réalité. En effet, il n'existe pas de conception claire de l'origine des phénomènes, si ce n'est que la conscience est tout et que tout est conscience.

Vous n'avez pas besoin d'aide pour obtenir ce que vous cherchez. Ne croyez pas une seconde que je prône la fuite de la réalité lorsque je vous demande d'assumer simplement que vous êtes maintenant l'homme ou la femme que vous désirez être.

Si vous et moi pouvions ressentir ce qu'il en serait si nous étions maintenant ce que nous voulons être, et vivre dans cette atmosphère mentale comme si elle était réelle, alors, d'une manière que nous ne connaissons pas, notre assomption se transformerait en fait, elle se concrétiserait. C'est tout ce que nous devons faire pour nous élever à un niveau où notre assomption est déjà une réalité objective et concrète.

Je n'ai besoin de changer personne, je me sanctifie moi-même et, ce faisant, je sanctifie les autres. Pour les purs, tout est pur. « Il n'y a rien d'impur en soi, mais pour celui qui estime qu'une chose est impure, elle est impure pour lui. » Rom. 14:14. Il n'y a rien d'impur en vous, mais c'est vous, par votre conception de vous-même, qui voyez les choses comme étant pures ou impures.

« Moi et mon Père sommes un ». Jean 10:30

« Si je n'accomplis pas les œuvres de mon Père, vous n'avez pas besoin de croire en moi. Mais si, au contraire, je les accomplis, bien que vous ne me croyiez pas, croyez aux œuvres, afin que vous sachiez et que vous croyiez que le Père est en moi, et moi en lui. » Jean 10:37, 38

Il s'est uni à Dieu et a estimé qu'il n'y avait rien d'étrange ou de dérisoire à accomplir les œuvres de Dieu. On porte toujours les fruits en harmonie avec ce que l'on est. C'est le plus naturellement du monde qu'un poirier porte des poires, qu'un pommier porte des pommes et que l'homme façonne les circonstances de sa vie en harmonie avec sa nature profonde.

« Je suis la vigne, vous êtes les sarments ». Jean 15:5. Un sarment n'a pas de vie s'il n'est pas enraciné dans la vigne. Tout ce que je dois faire pour changer le fruit, c'est changer la vigne.

Vous n'avez pas de vie dans mon monde, si ce n'est que je suis conscient de vous. Vous êtes enraciné en moi et, comme un fruit, vous témoignez de la vigne que je suis. Il n'y a pas d'autre réalité dans le monde que votre conscience. Bien que vous sembliez être ce que vous ne désirez pas être, tout ce que vous devez faire pour changer, et pour prouver le changement par des circonstances dans votre monde, c'est d'assumer tranquillement que vous êtes ce que vous désirez être, et d'une manière qui vous échappe, vous le deviendrez.

Il n'y a pas d'autre moyen de changer ce monde. « Je suis le chemin. Mon JE SUIS, ma conscience est le moyen par lequel je change mon monde. En changeant mon concept de Soi, je change mon monde. Lorsque les hommes et les femmes nous aident ou nous gênent, ils ne font que jouer le rôle que nous, par notre concept de nous-mêmes, par notre Soi, avons écrit pour eux, et ils ne font que jouer le rôle que nous avons écrit pour eux, par ce même concept.

Le rôle des hommes n'est pas automatique. Ils doivent jouer les rôles qu'ils jouent parce que nous sommes ce que nous sommes.

Vous ne changerez le monde que lorsque vous incarnerez ce que vous désirez que le monde soit. Vous n'avez qu'un seul cadeau à faire dans ce monde, et c'est vous-même. Si vous n'êtes pas vous-même ce que vous désirez que le monde soit, vous ne le verrez jamais dans ce monde. « Si vous ne croyez pas que c'est moi, vous mourrez dans vos péchés ». Jean 8:24

Savez-vous qu'il n'y a pas deux personnes dans cette salle qui vivent dans le même monde ? Ce soir, nous rentrons chez nous dans des mondes différents. Nous fermons nos portes sur des mondes entièrement différents. Nous nous lèverons tous demain et nous rendrons au travail, où nous retrouverons d'autres personnes, mais nous vivons dans des mondes mentaux différents, des mondes physiques différents.

Je ne peux donner que ce que je suis, je n'ai pas d'autre don à faire. Si je veux que le monde soit parfait – et qui ne le veut pas ? – j'ai échoué uniquement parce que j'ignorais que je ne pourrais jamais le voir parfait tant que je ne le deviendrais pas moi-même. Si je ne suis pas parfait, je ne peux pas voir la perfection, mais le jour où je le deviens, j'embellis mon monde parce que je le vois à travers mes propres yeux. « Pour ceux qui sont purs, tout est pur. » Tite 1:15

Personne ici ne peut me dire qu'il a entendu le même message un soir donné. La seule chose que vous devez faire est d'écouter ce que je dis à travers ce que vous êtes. Il doit être filtré à travers vos préjugés, vos superstitions et votre concept de soi. Quoi que vous soyez, le message doit passer par là et être imprégné par ce que vous êtes.

Si vous êtes dérangé par moi et que vous aimeriez que je sois autre chose que ce que je parais être, alors vous devez être ce que vous désirez que je sois. Nous devons devenir ce que nous voulons que les autres soient, sinon nous ne les verrons jamais l'être.

Votre conscience, ma conscience, est la seule véritable fondation au monde. C'est elle qui est appelée Pierre dans la Bible, et non un homme, cette fidélité qui ne peut se tourner vers personne, qui ne peut être flattée lorsque des hommes vous disent que vous êtes Jean revenu. C'est très flatteur de s'entendre dire que l'on est Jean le Baptiste revenu ou le grand prophète Élie ou Jérémie.

Je fais alors la sourde oreille à cette petite nouvelle très flatteuse que les hommes m'accorderaient et je me demande : « Mais honnêtement, qui suis-je ? ».

Si je peux nier les limites de ma naissance, de mon environnement et la croyance que je ne suis qu'une extension de mon arbre généalogique, et sentir en moi-même que je suis le Christ, et soutenir cette assomption jusqu'à ce qu'elle prenne une place centrale et forme le cœur habituel de mon énergie, j'accomplirai les œuvres attribuées à Jésus. Sans pensée ni effort, je façonnerai un monde en harmonie avec cette perfection que j'ai assumée et que je sens naître en moi.

Lorsque j'aurai ouvert les yeux des aveugles, débouché les oreilles des sourds, rendu la joie au deuil et la beauté aux cendres, alors, et alors seulement, j'aurai vraiment établi cette vigne au plus profond de moi. C'est ce que je ferais automatiquement si j'avais vraiment conscience d'être le Christ. On dit de cette présence qu'elle a prouvé qu'elle était le Christ par ses œuvres.

Nos changements de conscience ordinaires, lorsque nous passons d'un état à un autre, ne sont pas des transformations, parce que chacun d'entre eux est rapidement suivi par un autre dans le sens inverse ; mais lorsque notre assomption devient stable au point d'expulser définitivement ses rivales, alors ce concept habituel central définit notre caractère et constitue une véritable transformation.

Jésus, ou la raison éclairée, n'a rien vu d'impur dans la femme prise en flagrant délit d'adultère. Il lui dit :

– « Personne ne t'a condamnée ? ». Jean 8:10

– « Elle dit : Non, personne, Seigneur. Et Jésus lui dit : Je ne te condamne pas non plus ; va, et ne pèche plus. » Jean 8:11

Quoi que l'on mette en présence de la beauté, elle ne voit que la beauté. Jésus était identifié à ce qui est beau, si bien qu'il est incapable de voir ce qui n'est pas beau.

Lorsque vous et moi prendrons réellement conscience d'être le Christ, nous redresserons nous aussi les bras des personnes atrophiées et nous ressusciterons les espoirs morts des hommes. Nous ferons toutes les choses que nous ne pouvions pas faire lorsque nous nous sentions limités par notre arbre généalogique. C'est un pas audacieux qu'il ne faut pas prendre à la légère, car le faire, c'est mourir. Jean, l'homme à trois dimensions, est décapité, ou perd sa concentration tridimensionnelle pour que Jésus, le Moi à quatre dimensions, puisse vivre.

Tout élargissement de notre concept de soi implique une séparation quelque peu douloureuse avec des conceptions héréditaires fortement enracinées. Les ligaments qui nous retiennent dans le ventre des limitations conventionnelles sont solides. Tout ce que vous croyiez auparavant, vous ne le croyez plus. Vous savez maintenant qu'il n'y a pas de pouvoir en dehors de votre propre conscience. Vous ne pouvez donc pas vous tourner vers quelqu'un d'autre que vous.

Vous rejetez l'idée que quelque chose d'autre puisse avoir du pouvoir en soi. Vous savez que la seule réalité est Dieu, et que Dieu est votre propre conscience. Il n'y a pas d'autre Dieu. C'est donc sur ce roc que vous bâtissez l'église éternelle et que vous assumez hardiment être cet être divin, auto-engendré parce que vous avez osé vous approprier ce qui ne vous a pas été donné dans votre berceau, un concept de soi qui n'a pas été formé dans le ventre de votre mère, un concept de soi conçu en dehors des instances de l'homme.

L'histoire nous est magnifiquement racontée dans la Bible à travers les deux fils d'Abraham : l'un, le bienheureux Isaac, né en dehors des instances de l'homme, et l'autre, Ismaël, né dans la servitude.

Sarah était trop âgée pour avoir un enfant. Abraham, son mari, alla trouver la servante Agar, la pèlerine, qui engendra un fils du vieillard appelé Ismaël. La main d'Ismaël était contre tous les hommes et la main de tous les hommes contre lui.

Tout enfant né d'une femme naît dans la servitude, dans tout ce que son environnement représente, qu'il s'agisse du trône d'Angleterre, de la Maison Blanche ou de n'importe quel Haut lieu du monde. Tout enfant né d'une femme est personnifié comme cet Ismaël, l'enfant d'Agar.

Mais dans chaque enfant sommeille le bienheureux Isaac, qui naît en dehors des instances de l'homme, et qui naît par la seule foi. Ce deuxième enfant n'a pas de père terrestre. Il est né de lui-même.

Qu'est-ce que la seconde naissance ? Je me retrouve homme, je ne peux pas retourner dans le ventre de ma mère, et pourtant je dois naître une seconde fois. « Si un homme ne naît de nouveau, il ne peut voir le royaume de Dieu ». Jean 3:3

Je m'approprie tranquillement ce qu'aucun homme ni aucune femme ne peut me donner.

J'ose prétendre que je suis Dieu. Cette prétention doit être imprégnée de foi, elle doit être une promesse. Alors je deviens le bienheureux, je deviens Isaac.

Alors que je commence à faire les choses que seule cette présence pouvait faire, je sais que je suis né des limites d'Ismaël et que je suis devenu l'héritier du royaume.

Ismaël ne pouvait rien hériter, bien que son père fût Abraham, c'est-à-dire Dieu. Ismaël n'avait pas deux parents pieux ; sa mère était Agar, la servante ; il ne pouvait donc pas prétendre à la succession de son père.

Vous êtes Abraham et Sarah, et dans votre propre conscience existe un être qui attend d'être reconnu. Dans l'Ancien Testament, il s'appelle Isaac, et dans le Nouveau Testament, il s'appelle Jésus, et il est né sans l'aide de l'homme.

Aucun homme ne peut vous dire que vous êtes Jésus Christ, aucun homme ne peut vous dire et vous convaincre que vous êtes Dieu. Vous devez jouer avec l'idée et vous demander ce que cela ferait d'être Dieu.

Aucune conception claire de l'origine des phénomènes n'est possible si ce n'est que la conscience est tout et que tout est conscience. Rien ne peut être développé à partir de l'homme qui n'était pas potentiellement impliqué dans sa nature. L'idéal que nous servons et que nous espérons atteindre ne pourrait jamais évoluer à partir de nous s'il n'était pas potentiellement impliqué dans notre nature.

Permettez-moi maintenant de raconter et de souligner une

expérience que j'ai publiée il y a deux ans sous le titre de « LA RECHERCHE ». Je pense qu'elle vous aidera à comprendre cette loi de la conscience, et vous montrera que vous n'avez personne d'autre à changer que vous-même, car vous êtes incapable de voir autre chose que le contenu de votre propre conscience.

Un jour, au cours d'une pause en mer, je méditais sur « l'état parfait » et je me suis demandé ce que je serais si j'avais des yeux trop purs pour voir l'iniquité, si toutes les choses étaient pures pour moi et si je n'étais pas condamné. Au fur et à mesure que je me perdais dans cette rumination ardente, je me suis senti soulevé au-dessus de l'environnement sombre des sens. Ce sentiment était si intense que je me sentais comme un être de feu habitant un corps composé d'air. Des voix, comme celles d'un chœur céleste, avec l'exaltation de ceux qui ont été vainqueurs dans un conflit avec la mort, chantaient : « Il est ressuscité – Il est ressuscité », et j'ai su intuitivement qu'il s'agissait de moi.

Ensuite, j'ai eu comme l'impression de marcher dans la nuit. J'arrivai bientôt à un endroit qui aurait pu être l'ancienne piscine de Bethesda, car en ce lieu gisait une grande multitude d'impotents – des aveugles, des atrophiés, des paralysés – qui attendaient non pas le mouvement de l'eau, comme le veut la tradition, mais qui m'attendaient moi.

À mesure que je m'approchais, sans réflexion ni effort de ma part, ils étaient, l'un après l'autre, modelés comme par le magicien de la Beauté. Les yeux, les mains, les pieds – tous les membres manquants ou maladifs – étaient puisés dans un réservoir invisible et modelés en harmonie avec cette perfection que je sentais jaillir en moi. Lorsque tous furent parfaits, le chœur s'exclama : « C'est fini. »

Je sais que cette vision était le résultat de ma méditation intense sur l'idée de perfection, car mes méditations provoquent invariablement l'union avec l'état accompli. J'avais été si entièrement absorbé par l'idée que, pendant un certain temps, j'étais devenu ce que je contemplais, et le but élevé auquel je m'étais identifié à ce moment-là m'a attiré la compagnie des choses élevées et a façonné la vision en harmonie avec ma nature intérieure.

L'idéal auquel nous sommes unis fonctionne par association d'idées pour éveiller mille états d'âme et créer un scénario en accord avec l'idée centrale.

Mes expériences mystiques m'ont convaincu qu'il n'y a pas d'autre moyen d'atteindre la perfection que nous recherchons si ce n'est par la transformation de nous-mêmes. Dès que nous parviendrons à nous transformer, le monde se fondra magiquement sous nos yeux et se remodèlera en harmonie avec ce que notre transformation affirme.

Nous façonnons le monde qui nous entoure par l'intensité de notre imagination et de nos sentiments, et nous illuminons ou assombrissons notre vie par les concepts que nous avons de nous-mêmes. Rien n'est plus important pour nous que l'idée que nous nous faisons de nous-mêmes, et c'est particulièrement vrai pour l'idée que nous nous faisons de l'être profond et dimensionnellement plus grand qui est en nous.

Ceux qui nous aident ou nous gênent, qu'ils le sachent ou non, sont les serviteurs de cette loi qui façonne les circonstances extérieures en symbiose avec notre nature profonde. C'est l'idée que nous nous faisons de nous-mêmes qui nous libère ou nous contraint, même si elle peut utiliser des moyens matériels pour atteindre son but.

Parce que la vie façonne le monde extérieur pour qu'il reflète l'arrangement intérieur de notre esprit, il n'y a aucun moyen d'atteindre la perfection extérieure que nous recherchons si ce n'est par la transformation de nous-mêmes. Aucune aide ne vient de l'extérieur ; les collines vers lesquelles nous levons les yeux sont des collines intérieures.

C'est donc vers notre propre conscience que nous devons nous tourner en la considérant comme la seule réalité, le seul fondement sur lequel tous les phénomènes peuvent être expliqués. Nous pouvons compter sur la légitimité de cette loi pour nous donner uniquement ce qui relève de notre nature propre.

Essayer de changer le monde avant de changer notre conception de nous-mêmes, c'est lutter contre la nature des choses. Il ne peut y avoir de changement extérieur tant qu'il n'y a pas de changement intérieur.

Les choses de l'intérieur se reflètent à l'extérieur.

Je ne prône pas l'indifférence philosophique lorsque je suggère que nous devrions nous imaginer comme étant déjà ce que nous désirons être, en vivant dans une atmosphère mentale de grandeur, plutôt que d'utiliser des moyens physiques et des arguments pour provoquer les changements souhaités.

Tout ce que nous faisons, sans changement de conscience, n'est qu'un réajustement futile des surfaces.

Quel que soit notre effort ou notre lutte, nous ne pouvons recevoir plus que ce que notre conception de nous-même affirme. Protester contre ce qui nous arrive, c'est protester contre la loi de notre être et notre domination sur notre propre destin.

Les circonstances de ma vie sont trop étroitement liées à l'idée que je me fais de moi-même pour ne pas avoir été formées par mon propre esprit à partir d'une réserve dimensionnelle plus vaste de mon être. Si ces événements me font souffrir, je dois en chercher la cause en moi-même, car je suis poussé de-ci de-là et contraint à vivre dans un monde en adéquation avec l'idée que je me fais de moi-même.

Si nous nous émouvions autant pour nos idéaux que pour nos aversions, nous nous élèverions au niveau de notre idéal aussi facilement que nous descendons aujourd'hui au niveau de nos aversions.

L'amour et la haine ont un pouvoir de transformation extraordinaire, et nous grandissons en les exerçant à la ressemblance de ce que nous contemplons. Par l'intensité de la haine, nous créons en nous-mêmes le caractère que nous imaginons chez nos ennemis. Les qualités meurent par manque d'attention, de sorte qu'il est préférable de gommer les états mal aimés en imaginant « la beauté pour les cendres et la joie pour le deuil » plutôt qu'en attaquant directement l'état dont nous voudrions être libérés.

« Pensez à tout ce qui est beau et empli de bonté », car nous devenons ce avec quoi nous sommes en rapport.

Il n'y a rien d'autre à changer que notre concept de soi. Dès que nous parviendrons à nous transformer, notre monde se dissoudra et se remodèlera en harmonie avec ce que notre changement affirme.

C'est moi, en descendant dans la conscience, qui ai provoqué l'imperfection que je vois. Dans l'économie divine, rien ne se perd. Nous ne pouvons rien perdre sauf s'il l'on descend dans la conscience de la dimension où la substance vit naturellement. « Et maintenant toi, Père, glorifie-moi auprès de toi-même de la gloire que j'avais auprès de toi avant que le monde fût ». Jean 17 :5

Au fur et à mesure que je m'élève dans la conscience, la puissance et la gloire qui étaient miennes me reviennent et je dirai moi aussi : « J'ai achevé l'œuvre que tu m'as donnée à faire ». L'œuvre consiste à revenir de ma descente dans la conscience, du niveau où je croyais être un fils d'homme, à la dimension où je sais que je fais un avec mon Père et que mon Père est Dieu.

Je sais sans l'ombre d'un doute que l'homme n'a rien d'autre à faire que de changer l'idée qu'il se fait de lui-même pour assumer la grandeur et soutenir cette affirmation. Si nous marchons comme si nous étions déjà l'idéal que nous servons, nous nous élèverons au niveau de notre assomption et nous trouverons un monde en harmonie avec celle-ci. Nous n'aurons rien à faire pour qu'il en soit ainsi, car il en est déjà ainsi. Et il en a toujours été ainsi.

Vous et moi sommes descendus en conscience jusqu'au niveau où nous nous trouvons aujourd'hui et nous voyons l'imperfection parce que nous sommes descendus ! Lorsque nous commençons à nous élever pendant que nous vivons dans ce monde tridimensionnel, nous constatons que nous évoluons dans un environnement entièrement différent, que nous avons des cercles d'amis entièrement différents et que nous vivons dans un monde entièrement différent tout en continuant à vivre ici. Nous connaissons le grand mystère de l'affirmation : « Je suis dans le monde, mais je ne suis pas du monde ».

Au lieu de changer les choses, je suggère à chacun de s'identifier à l'idéal qu'il contemple. Que ressentiriez-vous si vous aviez des yeux trop purs pour voir l'iniquité, si pour vous tout était pur et que vous étiez irréprochable ? Contemplez l'état idéal et identifiez-vous à lui, et vous vous élèverez vers la dimension où, en tant que Christ, vous avez votre vie naturelle.

Vous êtes toujours dans l'état où vous étiez avant que le monde n'existe. La seule chose qui est tombée, c'est votre concept de soi. Vous voyez les parties brisées qui ne le sont pas en réalité. Vous les voyez à travers une vision déformée, comme si vous étiez dans l'une de ces galeries d'attractions particulières où un homme marche devant un miroir et s'allonge, tout en restant le même homme. Ou bien il se regarde dans un autre miroir où il est gros et gras. On voit ces choses aujourd'hui parce que l'homme est ce qu'il est.

Jouez avec l'idée de perfection. Ne demandez à personne de vous aider, mais faites de la prière du 17ème chapitre de l'Évangile de saint Jean votre prière. Appropriez-vous l'état qui était le vôtre avant que le monde ne soit.

Connaissez la vérité de l'affirmation : « Je n'ai perdu personne d'autre que le fils de perdition ». Rien n'est perdu dans toute ma sainte montagne. La seule chose que vous perdez est la croyance en la perte ou le fils de perdition.

« Et je me sanctifie moi-même pour eux, afin qu'eux aussi soient sanctifiés par la vérité ». Jean 17:19

Il n'y a personne d'autre à changer que soi-même. Tout ce que vous avez à faire pour sanctifier les hommes et les femmes dans ce monde, c'est de vous sanctifier vous-même. Vous êtes incapables de voir quoi que ce soit de désagréable en vous ou dans les autres lorsque vous avez établi dans votre propre esprit que vous êtes agréable.

Cette connaissance est bien meilleure que toutes les autres connaissances du monde. Il faut du courage, un courage sans bornes, car beaucoup d'entre nous ce soir, après avoir entendu cette vérité, seront encore enclins à blâmer les autres pour leur situation difficile. L'homme a tant de mal à se tourner vers lui-même, vers sa propre conscience comme étant la seule réalité. Écoutez ces mots :

« Nul ne peut venir à moi, si le Père qui m'a envoyé ne l'attire ». Jean 6:44

« Moi et mon Père sommes un ». Jean 10:30

« L'homme ne peut recevoir que ce qui lui a été donné du ciel ». Jean 3:27 « C'est pourquoi mon Père m'aime, parce que je donne ma vie, afin de la reprendre... Personne ne me l'ôte, mais je la donne de moi-même ». Jean 10:17,18

« Ce n'est pas vous qui m'avez choisi, c'est moi qui vous ai choisis ». Jean 15:16

L'idée que je me fais de moi-même façonne un monde en harmonie avec lui-même et attire les hommes à me dire constamment, par leur comportement, qui je suis.

La chose la plus importante pour vous dans ce monde est l'idée que vous vous faites de vous-même. Lorsque vous n'aimez pas votre environnement, les circonstances de la vie et le comportement des hommes, demandez-vous : « Qui suis-je ? ». C'est votre réponse à cette question qui est la cause de votre aversion.

Si vous ne vous condamnez pas, aucun homme dans votre monde ne vous condamnera. Si vous vivez dans la conscience de votre idéal, vous ne verrez rien à condamner. « Pour celui qui est pur, tout est pur. »

Je voudrais maintenant passer un peu de temps à expliquer aussi clairement que possible ce que je fais personnellement lorsque je prie, ce que je fais lorsque je désire apporter des changements dans mon monde. Vous trouverez cela intéressant et vous constaterez que cela fonctionne. Personne ici ne peut prétendre en être incapable. C'est tellement simple que tout le monde peut le faire. Nous sommes ce que nous imaginons être.

Cette technique n'est pas difficile à suivre, mais il faut en avoir envie. Vous ne pouvez pas l'aborder avec un état d'esprit du genre : « Mouais, ok, je vais l'essayer ». Vous devez désirer le faire, car le moteur de l'action est le désir.

Le désir est le moteur de toute action. À présent : qu'est-ce que je souhaite ? Je dois définir mon objectif. Par exemple, supposons que j'aimerais maintenant être ailleurs. En ce moment même, je désire vraiment être ailleurs. Je n'ai pas besoin de sortir de la pièce, je n'ai pas besoin de m'asseoir. Je ne dois rien faire d'autre que de me tenir là où je suis et, les yeux fermés, assumer que je me tiens réellement là où je désire être. Je reste alors dans cet état jusqu'à ce qu'il me donne l'impression d'être réel. Si j'étais ailleurs, je ne pourrais pas voir le monde tel que je le vois d'ici. Le monde change dans sa relation avec moi à mesure que je change de position dans l'espace.

Je me tiens donc ici, je ferme les yeux et j'imagine que je vois ce que je verrais si j'étais là-bas. J'y reste suffisamment longtemps pour sentir que c'est réel. Je ne peux pas toucher les murs de cette pièce d'ici, mais si je ferme les yeux et reste immobile, je peux imaginer et sentir que je les touche. Vous pouvez vous tenir là où vous êtes et imaginer que vous posez votre main sur ce mur. Pour prouver que c'est vraiment le cas, posez votre main, faites-la glisser vers le haut et sentez le bois. Vous pouvez imaginer que vous le faites sans vous lever de votre siège. Vous pouvez le faire et vous le sentirez réellement si vous devenez suffisamment calme et intense en pensée.

Je me tiens là où je suis et je permets au monde que je désire voir et dans lequel je désire entrer physiquement de se présenter à moi comme si j'y étais déjà. En d'autres termes, j'amène l'ailleurs ici en assumant que j'y suis.

C'est clair ? Je laisse venir, je ne fais pas venir. J'imagine simplement que je suis là-bas et je laisse les choses se faire.

Si je veux une présence physique, j'imagine qu'elle se tient ici et je la touche. Tout au long de la Bible, je trouve ces suggestions : « Il posa ses mains sur eux. Il les toucha. »

Si vous voulez réconforter quelqu'un, quel est votre réflexe ? Poser sa main sur lui ou elle. Vous rencontrez un ami et la main se tend automatiquement, vous lui serrez la main ou vous posez votre main sur son épaule.

Supposons que vous rencontriez un ami qui vous est très cher et que vous n'avez pas vu depuis longtemps. Que feriez-vous ? Vous l'embrasseriez, non ? Ou bien vous poseriez votre main sur lui.

Dans votre imagination, approchez-le suffisamment pour poser votre main sur lui et le sentir solidement réel. Limitez l'action à ce geste. Vous serez étonné de ce qui se passe. À partir de ce moment-là, les choses commencent à bouger. Votre moi dimensionnellement plus grand inspirera, en tout, les idées et les actions nécessaires pour vous amener à un contact physique. C'est ainsi que cela fonctionne.

Chaque jour, je me mets dans un état de somnolence ; c'est une chose très facile à inciter. Mais l'habitude est une chose étrange dans le monde des hommes. Ce n'est pas une loi, mais l'habitude agit comme si elle était la loi la plus contraignante au monde. Nous sommes des créatures d'habitudes.

Si vous créez chaque jour un intervalle dans lequel vous vous mettez en état de somnolence, disons à 15 heures, savez-vous qu'à ce moment-là, chaque jour, vous vous sentirez somnolent ? Tentez l'expérience pendant une semaine et voyez si je n'ai pas raison.

Vous vous asseyez dans le but de créer un état proche du sommeil, comme si vous étiez somnolent, mais sans pousser la somnolence trop loin, juste assez pour vous détendre et vous laisser maître de l'orientation de vos pensées. Vous essayez pendant une semaine et chaque jour à cette heure-là, quoi que vous fassiez, vous aurez du mal à garder les yeux ouverts. Si vous connaissez l'heure à laquelle vous serez libre, vous pouvez la créer. Je ne vous suggère pas de le faire à la légère, car vous aurez très, très envie de dormir et vous endormir ne sera peut-être pas le but recherché.

J'ai une autre façon de prier. Pour ce faire, je trouve le fauteuil ou le canapé le plus confortable qui soit et je m'y assois ou m'y allonge sur le dos, et je me relâche entièrement. Mettez-vous à l'aise. Vous ne devez pas être dans une position inconfortable. Posez-vous toujours dans une position où vous êtes le plus à l'aise possible. C'est la première étape.

Savoir ce que l'on désire est le point de départ de la prière. Ensuite, vous construisez dans votre esprit un seul petit événement qui implique que vous avez réalisé votre désir. Je laisse toujours mon esprit vagabonder sur de nombreuses choses qui pourraient suivre la prière exaucée et j'en retiens une qui est la plus susceptible de suivre l'accomplissement de mon désir. Une simple petite chose comme serrer une main, embrasser une personne, recevoir une lettre, faire un chèque ou quoi que ce soit d'autre, impliquerait la réalisation de votre désir.

Après avoir décidé de l'action qui implique que votre désir s'est réalisé, asseyez-vous dans votre canapé bien confortable ou allongez-vous sur le dos, fermez les yeux pour la simple raison que cela aide à induire cet état proche du sommeil.

Dès que vous ressentez cet état de somnolence ou ce sentiment de plénitude, où vous savez que vous pouvez bouger mais que vous n'en avez pas envie, ou vous savez que vous pouvez ouvrir les yeux, mais là non plus, vous préférez les garder clos, c'est que vous êtes dans l'état idéal pour prier avec succès.

Dans cet état, il est facile de toucher quoi que ce soit dans ce monde. Vous prenez la simple petite action restreinte qui implique l'accomplissement de votre prière et vous la ressentez ou vous la mettez en œuvre. Quoi qu'il en soit, vous entrez dans l'action comme si vous étiez un acteur. Vous ne vous asseyez pas et ne vous visualisez pas en train de le faire. Vous le faites.

Lorsque le corps est immobilisé, vous imaginez que le grand vous qui se trouve à l'intérieur de votre corps physique en sort et que vous êtes en train d'accomplir l'action proposée. Si vous allez marcher, vous imaginez que vous marchez. Ne vous voyez pas marcher, SENTEZ que vous marchez.

Si vous devez monter des escaliers, SENTEZ que vous montez les escaliers. Ne vous visualisez pas en train de le faire, sentez que vous le faites. Si vous êtes sur le point de serrer la main d'un homme, ne vous visualisez pas en train de lui serrer la main, imaginez que votre ami se tient devant vous et serrez-lui la main. Laissez toutefois vos mains physiques immobilisées et imaginez que votre grande main, qui est votre main imaginaire, est en train de lui serrer la main.

Il vous suffit d'imaginer que vous êtes en train de le faire. Vous êtes étendu dans le temps, et ce que vous faites, qui semble être un rêve éveillé contrôlé, est un acte réel dans la dimension supérieure de votre être. Vous êtes en train de rencontrer un événement dans la quatrième dimension avant de le rencontrer ici dans les trois dimensions de l'espace, et vous n'avez pas besoin de lever le petit doigt pour que cet état se produise.

Ma troisième façon de prier consiste simplement à être reconnaissant. Si je veux quelque chose, pour moi ou pour quelqu'un d'autre, j'immobilise le corps physique, puis je produis un état proche du sommeil et, dans cet état, je me sens heureux, je me sens reconnaissant, ce qui implique la réalisation de ce que je veux. J'assume le sentiment du souhait réalisé et, avec mon esprit dominé par cette seule sensation, je m'endors. Je n'ai rien à faire pour qu'il en soit ainsi, car il en est ainsi. Mon sentiment d'accomplissement du souhait implique qu'il est réalisé.

Vous pouvez utiliser toutes ces techniques et les modifier en fonction de votre tempérament. Mais je dois insister sur la nécessité d'induire un état de somnolence qui vous permette de devenir attentif sans effort.

Si vous priez avec succès, une seule sensation domine l'esprit.

Comment me sentirais-je, maintenant, si j'étais ce que je désire être ? Lorsque je sais à quoi ressemblerait ce sentiment, je ferme les yeux et je me perds dans cette sensation unique, et mon Moi dimensionnellement plus grand construit alors un pont imaginaire pour me conduire du moment présent à l'accomplissement de mon état d'esprit. C'est tout ce qu'il faut faire. Mais les gens ont l'habitude de négliger l'importance des choses simples.

Nous sommes des créatures d'habitudes et nous apprenons lentement à nous débarrasser de nos concepts antérieurs, mais les choses que nous avons vécues auparavant influencent encore d'une certaine manière notre comportement. Voici une histoire tirée de la Bible qui illustre mon propos.

Il est rapporté que Jésus a dit à ses disciples d'aller à la croisée des chemins et d'y trouver un poulain, un jeune poulain qui n'avait encore jamais été monté par un homme. Ils devaient lui amener le poulain et, si quelqu'un leur demandait : « Pourquoi prenez-vous ce poulain ? », ils devaient répondre : « Le Seigneur en a besoin. »

Ils allèrent à la croisée des chemins, trouvèrent le poulain et firent exactement ce qu'on avait requis d'eux. Ils amenèrent le poulain débridé à Jésus, qui le monta triomphalement jusqu'à Jérusalem.

L'histoire n'a rien à voir avec un homme monté sur un jeune poulain. Vous êtes le Jésus de l'histoire. Le poulain représente l'état d'esprit que vous allez assumer. C'est l'animal vivant que vous n'avez pas encore monté. Que ressentiriez-vous si vous réalisiez votre désir ? Un sentiment nouveau, comme un jeune poulain, est très difficile à monter, à moins que vous ne le montiez avec un esprit discipliné. Si je ne reste pas fidèle à l'état d'esprit, le jeune poulain m'abandonne. Chaque fois que vous prenez conscience que vous n'êtes pas fidèle à cette humeur, vous avez été éjecté du poulain.

Disciplinez votre esprit afin de rester fidèle à un état d'esprit élevé et de le conduire triomphalement à Jérusalem, qui représente l'accomplissement ou la ville de la paix.

Cette histoire précède la fête de la Pâque. Si nous voulons passer de notre état actuel à celui de notre idéal, nous devons assumer que nous sommes déjà ce que nous désirons être et rester fidèles à notre assomption, car nous devons garder une humeur élevée si nous voulons marcher avec les plus élevés.

Une attitude d'esprit fixe, le sentiment que c'est fait, fera en sorte que ce soit le cas. Si je marche comme si c'était le cas, mais que de temps en temps je regarde pour voir si c'est vraiment le cas, alors je tombe de mon humeur ou de mon poulain.

Si je suspendais mon jugement comme Pierre, je pourrais marcher sur l'eau. Pierre commence à marcher sur l'eau, puis il commence à se tourner vers sa propre compréhension et commence à se baisser. La voix dit : « Lève les yeux, Pierre. » Pierre lève les yeux, se relève et continue à marcher sur l'eau.

Au lieu de regarder en bas pour voir si cet élément va réellement se solidifier, sachez que c'est déjà le cas, maintenez cet état d'esprit et vous chevaucherez le poulain débridé jusqu'à la ville de Jérusalem. Nous devons tous apprendre à monter l'animal directement à Jérusalem, sans l'aide de personne. Vous n'avez pas besoin de l'aide des autres.

Le plus étrange est que si nous gardons le bon état d'esprit et ne tombons pas, les autres préparent le terrain, ils amortissent les coups. Ils étendent les feuilles de palmier devant moi pour me faciliter le voyage. Je n'ai pas à m'inquiéter. Les chocs s'atténueront au fur et à mesure que j'avancerai vers la réalisation de mon désir. Mon bon esprit éveille chez les autres les idées et les actions qui tendent vers l'incarnation de mon état d'esprit. Si vous êtes fidèle à votre état d'esprit, il n'y aura pas d'opposition ni de concurrence.

Le test d'un enseignant, ou d'un enseignement, se trouve dans la fidélité de l'enseigné. Je pars d'ici dimanche soir. Restez fidèles à cet enseignement. Si vous cherchez des causes extérieures à la conscience de l'homme, alors je ne vous aurai pas convaincu de la réalité de la conscience.

Si vous cherchez des excuses à l'échec, vous en trouverez toujours, car vous trouvez ce que vous cherchez. Si vous cherchez une excuse à l'échec, vous la trouverez dans les étoiles, dans les chiffres, dans la tasse de thé, ou presque n'importe où. L'excuse ne sera pas là, mais vous la trouverez pour justifier votre échec.

Les hommes et femmes d'affaires, et les professionnels en général, qui réussissent savent que cette loi fonctionne. Vous ne la trouverez pas dans les groupes de commères, vous la trouverez dans les cœurs courageux.

Le voyage éternel de l'homme n'a qu'un seul but : révéler le Père. Il vient pour rendre visible son Père. Et son Père est visible dans toutes les belles choses de ce monde. Tout ce qui est beau, tout ce qui est digne d'éloges, se porte sur ces choses, et n'a pas de temps à perdre avec ce qui est laid dans ce monde, peu importe ce dont il s'agit.

Restez fidèle à la connaissance que votre conscience, votre JE SUIS, votre conscience d'être conscient est la seule réalité. C'est le roc sur lequel tous les phénomènes peuvent être expliqués. Il n'y a pas d'explication en dehors de cette réalité. Je ne connais pas de conception claire de l'origine des phénomènes, si ce n'est que la conscience est tout et que tout est conscience.

Ce que vous cherchez se trouve déjà en vous. S'il n'était pas en vous, vous ne pourriez pas le faire évoluer, même si vous étiez éternel. Aucune période de temps ne serait assez longue pour faire évoluer ce qui n'est pas potentiellement impliqué en vous.

Vous le laissez simplement naître en assumant qu'il est déjà visible dans votre monde, et en restant fidèle à votre assomption, il s'affermira dans les faits. Votre Père a d'innombrables façons de révéler votre assomption. Fixez-la dans votre esprit et rappelez-vous constamment qu'« une assomption, bien que fausse, si elle est maintenue, se concrétisera en un fait. »

Vous et votre Père êtes un et votre Père est tout ce qui a été, est et sera. Par conséquent, ce que vous cherchez, vous l'êtes déjà, il ne peut jamais être si éloigné que d'être proche, car la proximité implique la séparation.

Le grand Pascal a dit : « Vous ne m'auriez jamais cherché si vous ne m'aviez pas déjà trouvé ». Ce que vous désirez maintenant, vous l'avez déjà et vous le cherchez seulement parce que vous l'avez déjà trouvé. Vous l'avez trouvé sous forme de désir. Il est tout aussi réel sous la forme du désir qu'il le sera pour vos organes corporels.

Vous êtes déjà ce que vous cherchez et vous n'avez personne d'autre à changer que vous-même pour l'exprimer.

LEÇON 5

Rester fidèle à son idée

Ce soir, nous abordons la cinquième et dernière leçon de ce cours. Je vais d'abord vous donner une sorte de résumé de nos séances précédentes. Puis, puisque vous êtes nombreux à m'avoir demandé de développer davantage la leçon 3, je vais vous donner quelques idées supplémentaires sur la pensée en quatrième dimension.

Je sais que lorsqu'un homme voit clairement une chose, il peut la raconter, l'expliquer.

L'hiver dernier, à la Barbade, un pêcheur, dont le vocabulaire ne devait pas se composer de plus de mille mots, m'en a dit plus en cinq minutes sur le comportement du dauphin, que Shakespeare avec son vaste vocabulaire n'aurait pu m'en dire, s'il n'avait pas connu les habitudes du dauphin.

Ce pêcheur m'a expliqué que le dauphin aimait jouer avec un morceau de bois flottant et que, pour l'attraper, il fallait jeter le morceau de bois et l'appâter comme on appâte les enfants, car il aime faire semblant de sortir de l'eau. Comme je l'ai dit, le vocabulaire de cet homme était très limité, mais il connaissait les poissons et il connaissait la mer. Comme il connaissait les dauphins, il pouvait me parler de leurs habitudes et de la manière de les attraper.

Quand on dit qu'on sait une chose mais qu'on ne peut pas l'expliquer, je réponds qu'au final on ne la sait pas, car quand on la sait vraiment, on l'exprime naturellement.

Si je vous demandais de définir la prière en vous disant : « Comment feriez-vous, par la prière, pour atteindre un objectif, n'importe quel objectif ? » Si vous pouvez me le dire, alors vous le savez ; mais si vous ne pouvez pas me le dire, alors vous ne le savez pas. Si vous le voyez clairement dans l'œil de votre esprit, vous inspirerez les mots nécessaires pour habiller l'idée et l'exprimer magnifiquement, et vous exprimerez l'idée bien mieux qu'un homme avec un vaste vocabulaire qui ne la voit pas aussi clairement que vous ne le feriez.

Si vous avez écouté attentivement ces quatre derniers jours, vous savez maintenant que la Bible ne fait aucunement référence à des personnes ayant existé, ni à des événements s'étant produits sur terre.

Les auteurs de la Bible n'ont pas écrit l'histoire, ils ont écrit une grande histoire. Ils ont écrit un grand roman de l'esprit qu'ils ont habillé de l'habit de l'histoire, qu'ils ont ensuite adapté aux capacités limitées des foules non critiques et irréfléchies.

Vous comprenez que chaque histoire de la Bible est votre histoire ; lorsque les auteurs introduisent des dizaines de personnages dans le même récit, ils essaient de vous présenter différents attributs de l'esprit que vous pouvez utiliser. J'ai d'ailleurs pris moi-même une douzaine d'histoires que je vous ai interprétées.

Par exemple, de nombreuses personnes se demandent comment Jésus, l'homme le plus gracieux et le plus aimant du monde, s'il est un homme, a pu dire à sa mère ce qu'il est censé lui avoir dit, comme le rapporte le deuxième chapitre de l'Évangile de saint Jean, à savoir : « Femme, qu'y-a-t-il entre toi et moi ? » Jean 2:4

Vous et moi, qui ne sommes pas encore identifiés à l'idéal que nous servons, ne ferions pas une telle déclaration à notre mère. Pourtant, voici l'incarnation de l'amour qui dit à sa mère : « Femme, qu'y-a-t-il entre toi et moi ? ».

Vous êtes Jésus, et votre mère est votre propre conscience. Car la conscience est la cause de tout, elle est donc le grand père-mère de tous les phénomènes.

Vous et moi sommes des créatures d'habitudes. Nous prenons l'habitude d'accepter comme définitive l'évidence de nos sens. Il faut du vin pour les invités, mais mes sens me disent qu'il n'y a pas de vin, et par habitude, je vais accepter ce manque comme définitif.

Lorsque je me souviens que ma conscience est la seule et unique réalité, si je nie l'évidence de mes sens et que j'assume la conscience d'avoir suffisamment de vin, j'ai en quelque sorte réprimandé ma mère ou la conscience qui m'a suggéré le manque ; et en assumant la conscience d'avoir ce que je désire pour mes invités, le vin est produit d'une manière que nous ignorons.

Je viens de lire une note d'un ami très cher qui se trouve dans le public. Dimanche dernier, il avait rendez-vous dans une église pour un mariage ; l'horloge lui indiquait qu'il était en retard, tout lui indiquait de fait qu'il était en retard.

Il se tenait au coin d'une rue et attendait un tramway. Il n'y en avait aucun en vue. Il s'est imaginé qu'au lieu d'être au coin de la rue, il était dans l'église. À ce moment-là, une voiture s'est arrêtée à sa hauteur. Mon ami a fait part au conducteur de sa situation et celui-ci lui a dit : « Ce n'est pas ma direction, mais je vous y emmène sans problème. » Mon ami est monté dans la voiture et s'est rendu à l'église à temps pour l'office. Il s'agit là d'une application typique de la loi, qui consiste à ne pas accepter la suggestion d'un retard. N'acceptez jamais la suggestion d'un manque.

Dans ce cas, je me dis : « Qu'y a-t-il entre toi et moi ? » Qu'ai-je à faire avec l'évidence de mes sens ? Apportez-moi tous les pots et remplissez-les. En d'autres termes, j'assume que j'ai du vin et tout ce que je désire. Ensuite, mon Moi dimensionnellement plus grand inspire à tous les pensées et les actions qui aident à l'incarnation de mon assomption.

Il ne s'agit pas d'un homme qui dit à une mère : « Femme, qu'y a-t-il entre toi et moi ? ». Il s'agit de tout homme connaissant cette loi qui se dira, lorsque ses sens lui suggéreront un manque : « Qu'est-ce que j'ai à faire avec toi ? Laisse-moi tranquille. » Je n'écouterai plus jamais une telle voix, car si je le fais, je suis fécondé par cette suggestion et je porterai le fruit du manque.

Tournons-nous vers un autre récit de l'Évangile de saint Marc où Jésus a faim. « Apercevant de loin un figuier ayant des feuilles, il alla voir s'il trouverait quelque chose à manger ; et, s'en étant approché, il n'y trouva que des feuilles, car ce n'était pas le temps des figues. Jésus prit alors la parole et dit au figuier : Que personne ne mange plus jamais de ton fruit ! Et ses disciples l'entendirent. » Marc 11:13, 14

« Le matin, en passant, les disciples virent le figuier desséché jusqu'aux racines. » Marc 11:20

Quel arbre suis-je en train de détruire ? Pas un arbre extérieur. C'est ma propre conscience. « Je suis la vigne ». Jean 15:1. Ma conscience, mon JE SUIS est l'imposant arbre, et l'habitude suggère une fois de plus le vide, elle suggère la stérilité, elle suggère quatre mois avant que je puisse me nourrir. Mais je ne peux pas attendre quatre mois. Je me fais cette puissante suggestion de ne plus jamais croire, ne serait-ce qu'un instant, qu'il me faudra quatre mois pour réaliser mon désir. La croyance au manque doit désormais être stérile et ne plus jamais se reproduire dans mon esprit.

Le récit ne parle pas d'un homme venant à bout d'un arbre. Tout dans la Bible se déroule dans l'esprit de l'homme : l'arbre, la ville, les gens, tout. Il n'y a pas une seule déclaration dans la Bible qui ne représente pas un attribut de l'esprit humain. Ce sont toutes des personnifications de l'esprit et non des choses du monde.

La conscience est la seule et unique réalité. Il n'y a personne vers qui nous tourner après avoir découvert que notre propre conscience est Dieu. Car Dieu est la cause de tout et il n'existe rien d'autre que Dieu. Vous ne pouvez pas dire que le diable est à l'origine de certaines choses et que Dieu est à l'origine d'autres. Écoutez ces mots.

« Ainsi parle l'Éternel à son oint, à Cyrus, qu'il tient par la main, pour terrasser les nations devant lui, et pour relâcher la ceinture des rois, pour lui ouvrir les portes, afin qu'elles ne soient plus fermées. Je marcherai devant toi, j'aplanirai les chemins tortueux ; je romprai les portes d'airain, et je briserai les verrous de fer. Je te donnerai des trésors cachés, des richesses enfouies, afin que tu saches que je suis l'Éternel, qui t'appelle par ton nom, le Dieu d'Israël ». Ésaïe 45:1, 2, 3

« Je forme la lumière et je crée les ténèbres : Je donne la prospérité et je crée l'adversité. Moi, l'Éternel, je fais toutes ces choses. » Ésaïe 45:7

« C'est moi qui ai fait la terre, et qui sur elle ai créé l'homme. C'est moi, ce sont mes mains qui ont déployé les cieux, et c'est moi qui ai déployé toute leur armée. C'est moi qui ai suscité Cyrus dans la justice, et j'aplanirai toutes ses voies ; il rebâtira ma ville, et il libèrera tous mes captifs. Sans rançon ni récompense, dit l'Éternel des armées. » Ésaïe 45:12, 13

« Je suis l'Éternel, et il n'y en a pas d'autre, il n'y a pas d'autre Dieu que moi ». Ésaïe 45:5

Lisez attentivement ces mots. Ils ne viennent pas de moi, ce sont les mots inspirés d'hommes qui ont découvert que la conscience est la seule réalité. Si je suis blessé, c'est que je me blesse moi-même. Si les ténèbres règnent dans mon monde, c'est moi qui les ai créés, qui ai créé la morosité et la dépression. Si la lumière et de la joie illuminent mon existence, c'est moi qui les ai créées, moi qui les ai inspirées. Il n'y a personne d'autre que ce JE SUIS qui fait tout.

Vous ne pouvez pas trouver de cause en dehors de votre propre conscience. Votre monde est un immense miroir qui vous dit constamment qui vous êtes. Lorsque vous rencontrez des gens, ils vous disent par leur comportement qui vous êtes.

Vos prières ne seront pas moins pieuses parce que vous vous tournez vers votre propre conscience pour obtenir de l'aide. Je ne pense pas qu'une personne qui prie ressente plus de joie, de piété et d'adoration que moi lorsque je suis reconnaissant, car j'assume le sentiment que mon souhait est exaucé, tout en sachant que c'est vers moi-même que je me suis tourné.

Dans la prière, vous êtes appelé à croire que vous possédez ce que votre raison et vos sens nient. Lorsque vous priez, croyez que vous avez et vous recevrez. La Bible le dit ainsi :

« C'est pourquoi je vous dis : Tout ce que vous demanderez en priant, croyez que vous l'avez reçu, et vous le verrez s'accomplir. Et, lorsque vous êtes debout faisant votre prière, si vous avez quelque chose contre quelqu'un, pardonnez, afin que votre Père qui est dans les cieux vous pardonne aussi vos offenses. Mais si vous ne pardonnez pas, votre Père qui est dans les cieux ne vous pardonnera pas non plus vos offenses ». Marc 11:24, 25, 26

C'est ce que nous devons faire lorsque nous prions. Si j'ai quelque chose contre quelqu'un, que ce soit un sentiment de maladie, de pauvreté ou quoi que ce soit d'autre, je dois le perdre et le laisser partir, non pas en utilisant des mots de dénégation, mais en croyant qu'il est ce qu'il désire être. C'est ainsi que je lui pardonne complètement. J'ai changé l'idée que je me faisais de lui. J'avais des choses à lui reprocher et je lui ai pardonné. L'oubli complet est le pardon. Si je n'oublie pas, je n'ai pas pardonné.

Je ne pardonne que lorsque j'oublie vraiment. Je peux vous dire jusqu'à la fin des temps : « Je vous pardonne ». Mais si chaque fois que je vous vois ou que je pense à vous, je me rappelle ce que je vous ai reproché, je ne vous ai pas pardonné du tout. Le pardon, c'est l'oubli total. Lorsque vous consultez un médecin, il vous donne quelque chose pour votre maladie. Il essaie de vous l'enlever, et pour ce faire, il vous donne quelque chose à la place.

Remplacez l'ancien concept par un nouveau concept de soi. Abandonnez complètement l'ancien. Une prière exaucée implique que quelque chose est fait en conséquence de la prière qui, autrement, n'aurait pas été fait. Par conséquent, je suis moi-même la source de l'action, l'esprit directeur et l'exauceur de la prière.

Quiconque prie avec succès se tourne vers l'intérieur et s'approprie l'état recherché. Vous n'avez pas de sacrifice à offrir. Ne laissez personne vous dire que vous devez lutter et souffrir. Vous n'avez pas besoin de lutter pour réaliser votre désir.

Voici ce qu'il est écrit dans la Bible.

« Qu'ai-je affaire de la multitude de vos sacrifices ? dit l'Éternel. Je suis rassasié des holocaustes de béliers et de la graisse des veaux; Je ne prends point plaisir au sang des taureaux, des brebis et des boucs.

Quand vous venez vous présenter devant moi, Qui vous demande de souiller mes parvis?

Cessez d'apporter de vaines offrandes : J'ai en horreur l'encens, les nouvelles lunes, les sabbats et les assemblées; Je ne puis voir le crime s'associer aux solennités.

Mon âme hait vos nouvelles lunes et vos fêtes; Elles me sont à charge ; Je suis las de les supporter ». Ésaïe 1:11-14

« Vous chanterez comme la nuit où l'on célèbre la fête, Vous aurez le cœur joyeux comme celui qui marche au son de la flûte, Pour aller à la montagne de l'Éternel, vers le rocher d'Israël. » Ésaïe 30:29

« Chantez à l'Éternel un cantique nouveau, Chantez ses louanges aux extrémités de la terre, Vous qui voguez sur la mer et vous qui la peuplez, Iles et habitants des îles ! » Ésaïe 42:10

« Cieux, réjouissez-vous ! car l'Éternel a agi ; Profondeurs de la terre, retentissez d'allégresse ! Montagnes, éclatez en cris de joie ! Vous aussi, forêts, avec tous vos arbres ! Car l'Éternel a racheté Jacob, Il a manifesté sa gloire en Israël. » Ésaïe 44:23

« Ainsi les rachetés de l'Éternel retourneront. Ils iront à Sion avec chants de triomphe, Et une joie éternelle couronnera leur tête; L'allégresse et la joie s'approcheront, La douleur et les gémissements s'enfuiront. » Ésaïe 51:11

Le seul cadeau acceptable est un cœur joyeux. Venez avec des chants et des louanges. C'est ainsi que l'on se présente devant le Seigneur – avec sa propre conscience. Assumez le sentiment de votre souhait accompli, et vous aurez apporté le seul cadeau acceptable. Tous les états d'esprit autres que celui du souhait exaucé sont une offense, une absurdité, une abomination ; ce sont des superstitions qui ne signifient rien.

Lorsque vous vous présentez devant moi, réjouissez-vous, car la réjouissance implique que quelque chose que vous souhaitiez s'est produit. Venez devant moi en chantant, en louant et en remerciant, car ces états d'esprit impliquent l'acceptation de l'état recherché. Mettez-vous dans l'état d'esprit approprié et votre propre conscience l'incarnera.

Si je pouvais définir la prière pour quelqu'un et l'exprimer aussi clairement que possible, je dirais simplement : « C'est le sentiment d'un souhait exaucé ». Si vous me demandez : « Que voulez-vous dire par là ? » Je dirais : « Je me sentirais dans la situation de la prière exaucée, puis je vivrais et agirais en fonction de cette conviction ». J'essaierais de la maintenir sans effort, c'est-à-dire que je vivrais et agirais comme si c'était déjà un fait, sachant qu'en marchant dans cette attitude fixe, mon assomption se concrétisera, elle se transformera, se solidifiera en fait.

Le temps qu'il me reste ici ne me permet pas d'argumenter plus longuement sur le fait que la Bible ne relève pas de l'histoire. Toutefois, si vous avez écouté attentivement mon message ces quatre derniers jours, je pense que vous avez suffisamment de preuves vous le démontrant.

Appliquez ce que vous avez entendu et vos désirs se réaliseront.

« Et maintenant je vous ai dit ces choses avant qu'elles arrivent, afin que, lorsqu'elles arriveront, vous croyiez. » John 14:29

De nombreuses personnes, dont moi-même, ont observé des événements avant qu'ils ne se produisent, c'est-à-dire avant qu'ils ne se produisent dans ce monde à trois dimensions. Puisque l'homme peut observer un événement avant qu'il ne se produise dans les trois dimensions de l'espace, alors la vie sur terre se déroule selon un plan ;

et ce plan doit exister ailleurs dans une autre dimension et se déplacer lentement dans notre espace.

Si les événements qui se produisent n'étaient pas dans ce monde lorsqu'ils ont été observés, il est parfaitement logique qu'ils se soient trouvés hors de ce monde. Et tout ce qui doit être vu LÀ-BAS avant de se produire ICI doit être « prédéterminé » du point de vue de l'homme éveillé dans un monde tridimensionnel. Pourtant, les anciens maîtres nous ont enseigné que nous pouvions modifier l'avenir, et ma propre expérience confirme la véracité de leur enseignement.

Par conséquent, mon objectif en donnant ce cours est d'indiquer les possibilités inhérentes à l'homme, de montrer que l'homme peut modifier son avenir ; mais, ainsi modifié, il forme à nouveau une séquence déterministe à partir du point d'interférence – un avenir en cohérence avec cette modification.

La caractéristique la plus remarquable de l'avenir de l'homme est sa flexibilité. L'avenir, bien que préparé à l'avance dans ses moindres détails, a plusieurs issues. À chaque instant de notre vie, nous avons le choix entre plusieurs avenirs.

Il existe en fait deux façons de voir le monde, et tout le monde est doté de cette aptitude : une vision naturelle et une vision spirituelle. Les anciens maîtres appelaient l'une « l'esprit charnel » et l'autre « l'esprit du Christ ». Nous pouvons les différencier comme la conscience de veille ordinaire, gouvernée par nos sens, et l'imagination contrôlée, gouvernée par le désir.

Nous reconnaissons ces deux centres de pensée distincts dans l'affirmation suivante : « L'homme naturel ne reçoit pas les choses de l'Esprit de Dieu, car elles sont pour lui une folie, et il ne peut les connaître, parce que c'est spirituellement qu'on les discerne. » I Cor. 2:14

La vision naturelle limite la réalité au moment appelé maintenant.

Pour la vision naturelle, le passé et le futur sont purement imaginaires. La vision spirituelle, en revanche, voit le contenu du temps. Le passé et le futur sont un tout présent pour la vision spirituelle. Ce qui est mental et subjectif pour l'homme naturel est concret et objectif pour l'homme spirituel.

L'habitude de ne voir que ce que nos sens nous permettent de voir nous rend totalement aveugles à ce que nous pourrions voir autrement. Pour cultiver la faculté de voir l'invisible, nous devons délibérément détacher notre esprit de l'évidence des sens et concentrer notre attention sur un état invisible, en le sentant mentalement et en le ressentant jusqu'à ce qu'il prenne toute la dimension de la réalité.

Une pensée sincère et concentrée, orientée dans une direction particulière, étouffe les autres sensations et les fait disparaître. Il suffit de se concentrer sur l'état désiré pour le voir. L'habitude de retirer l'attention de la région des sensations et de la concentrer sur l'invisible développe notre vision spirituelle et nous permet de pénétrer au-delà du monde des sens et de voir ce qui est invisible.

« En effet, les perfections invisibles de Dieu, sa puissance éternelle et sa divinité, se voient clairement ». Rom. 1:20.

Cette vision est totalement indépendante des facultés naturelles. Ouvrez-la et vivifiez-la !

Un peu de pratique nous convaincra que l'on peut, en contrôlant notre imagination, remodeler notre avenir en harmonie avec notre désir. Le désir est le moteur de l'action. Nous ne pourrions pas bouger un doigt si nous n'avions pas le désir de le faire. Quoi que nous fassions, nous suivons le désir qui, à ce moment-là, domine notre esprit. Lorsque nous nous défaisons d'une habitude, notre désir de nous défaire de cette habitude est plus grand que notre désir de la conserver.

Les désirs qui nous poussent à agir sont ceux qui retiennent notre attention. Un désir n'est qu'une prise de conscience de quelque chose qui nous manque et dont nous avons besoin pour rendre notre vie plus agréable. Les désirs s'accompagnent toujours d'un gain personnel. Plus le gain escompté est important, plus le désir est intense. Il n'existe pas de désir absolument désintéressé. Lorsqu'il n'y a rien à gagner, il n'y a pas de désir et, par conséquent, pas d'action.

L'homme spirituel s'adresse à l'homme naturel à travers le langage du désir. La clé du progrès dans la vie et de la réalisation des rêves réside dans l'obéissance immédiate à sa voix. L'obéissance sans hésitation à sa voix est une assomption immédiate de la réalisation du désir. Désirer un état, c'est l'avoir. Comme l'a dit Pascal : « Vous ne m'auriez pas cherché si vous ne m'aviez pas déjà trouvé ».

L'homme, en assumant que son souhait se réalise, puis en vivant et en agissant sur la base de cette conviction, modifie l'avenir en harmonie avec son assomption.

Les assomptions éveillent ce qu'elles affirment. Dès que l'homme assume le sentiment que son souhait est exaucé, son Moi de quatrième dimension trouve les moyens d'atteindre cette fin, découvre les méthodes pour la réaliser.

Je ne connais pas de définition plus claire du moyen par lequel nous réalisons nos désirs que de vivre dans l'imagination ce qui serait vécu dans la chair si nous atteignions notre objectif. C'est ce que l'on appelle l'expérience de l'imagination.

Cette expérience imaginaire de la fin avec son acceptation commande les moyens. Le Moi de la quatrième dimension construit alors, avec sa vision élargie, les moyens nécessaires à la réalisation de la fin acceptée.

L'esprit indiscipliné a du mal à assumer un état qui est nié par les sens. Mais il existe une technique qui permet d'« appeler les choses qu'on ne voit pas comme si de fait on les voyait », c'est-à-dire de percevoir un événement avant qu'il ne se produise.

Les gens ont l'habitude de négliger l'importance des choses simples. Mais cette formule simple pour changer l'avenir a été découverte après des années de recherche et d'expérimentation.

La première étape pour changer l'avenir est le DÉSIR, c'est-à-dire définir son objectif… savoir définitivement ce que l'on veut.

La deuxième étape consiste à créer un événement que vous pensez rencontrer suite à la réalisation de votre désir – un événement qui implique la réalisation de votre désir – quelque chose qui aura l'action du Soi prédominante.

En troisième lieu, immobilisez le corps physique et induisez un état proche du sommeil en imaginant que vous avez sommeil. Allongez-vous sur un lit ou détendez-vous sur un fauteuil. Puis, les paupières fermées et l'attention concentrée sur l'action que vous avez l'intention de vivre en imagination, sentez-vous mentalement dans l'action proposée, tout en imaginant que vous êtes en train de l'accomplir ici et maintenant.

Vous devez toujours participer à l'action imaginaire, ne pas vous contenter de rester en retrait et de regarder, mais sentir que vous êtes en train de réaliser l'action, de sorte que la sensation imaginaire soit réelle pour vous.

Il est important de toujours se rappeler que l'action proposée doit être une action qui SUIT la réalisation de votre désir. Vous devez également vous sentir vous-même dans l'action jusqu'à ce qu'elle ait toute la vivacité et la netteté de la réalité.

Supposons, par exemple, que vous souhaitiez obtenir une promotion au sein de votre entreprise. Le fait d'être félicité serait de fait un événement que vous rencontreriez après la réalisation de votre désir. Après avoir choisi cette action comme celle que vous vivrez en imagination, immobilisez votre corps et provoquez un état proche du sommeil, un état de somnolence, dans lequel vous êtes toutefois encore capable de contrôler l'orientation de vos pensées, un état dans lequel vous êtes attentif sans effort. Visualisez ensuite un ami qui se tient devant vous. Logez votre main imaginaire dans la sienne. Sentez-la solide et réelle, et tenez avec lui une conversation imaginaire en harmonie avec l'action.

Vous ne vous visualisez pas à une distance dans l'espace et à une distance dans le temps en train de vous féliciter de votre bonne fortune. Au lieu de cela, vous faites en sorte qu'il y ait un ailleurs ici et un futur maintenant. L'événement futur est une réalité Maintenant dans un monde dimensionnellement plus vaste et, curieusement, ce maintenant dans un monde dimensionnellement plus vaste est équivalent à l'ici dans l'espace tridimensionnel ordinaire de la vie quotidienne.

La différence entre se sentir en action, ici et maintenant, et se visualiser en action, comme si vous étiez sur un écran de cinéma, marque la différence entre le succès et l'échec. Cette différence peut être mieux comprise si vous vous imaginez maintenant en train de monter une échelle. Les paupières fermées, imaginez qu'une échelle se trouve juste devant vous et sentez que vous y montez réellement.

Le désir, l'immobilité physique à la limite du sommeil et l'action imaginaire dans laquelle le Soi prédomine de manière sensible le ici et maintenant, ne sont pas seulement des facteurs importants pour modifier l'avenir, mais aussi des conditions essentielles pour projeter consciemment le Soi spirituel.

Lorsque le corps physique est immobilisé et que nous sommes en possession de l'idée de faire quelque chose – si nous imaginons que nous le faisons ici et maintenant et que nous maintenons l'action imaginaire jusqu'à l'endormissement – nous sommes susceptibles de nous réveiller hors du corps physique pour nous retrouver dans un monde dimensionnellement plus vaste, avec un objectif dimensionnellement plus vaste, en train de faire ce que nous désirions et imaginions faire dans la chair.

Mais que nous nous réveillions là-bas ou non, nous sommes en train de réaliser l'action dans le monde de la quatrième dimension et nous la rejouerons à l'avenir dans le monde de la troisième dimension.

L'expérience m'a appris à restreindre l'action imaginaire, à condenser l'idée qui doit être l'objet de notre méditation en un seul acte, et à le rejouer encore et encore jusqu'à ce qu'il donne le sentiment d'être réel. Sinon, l'attention s'égare le long d'une piste associative, et une foule d'images associées se présentent à notre attention, et en quelques secondes, elles nous conduisent à des centaines de kilomètres de notre objectif dans l'espace, et à des années dans le temps.

Si nous décidons de monter un escalier particulier, parce que c'est l'événement qui suivra probablement la réalisation de notre désir, alors il nous faut limiter l'action à la montée de cette volée de marches particulière. Si l'attention s'égare, il faut la ramener à la tâche de monter l'escalier et continuer ainsi jusqu'à ce que l'action imaginaire ait toute la solidité et la netteté de la réalité. L'idée doit être maintenue dans le champ de présentation sans le moindre effort de notre part.

Nous devons, avec un minimum d'effort, imprégner l'esprit du sentiment du souhait réalisé.

La somnolence facilite le changement, car elle favorise l'attention sans effort, mais elle ne doit pas être poussée jusqu'à l'état de sommeil, dans lequel nous ne pourrions plus contrôler les mouvements de notre attention, mais un degré modéré de somnolence dans lequel nous sommes encore capables d'orienter nos pensées.

La manière la plus efficace d'incarner un désir est d'assumer le sentiment d'un désir réalisé et, dans un esprit apaisé et somnolent, de répéter encore et encore, comme une berceuse, toute phrase courte qui implique la réalisation du désir, telle que « merci, merci, merci », jusqu'à ce que la seule sensation de gratitude domine l'esprit. Prononcez ces mots comme si vous vous adressiez à une puissance supérieure qui l'a fait pour vous.

En revanche, si vous cherchez à vous projeter consciemment dans un monde plus vaste, vous devez poursuivre l'action jusqu'à ce que le sommeil s'installe. Vivez en imagination, avec toute la netteté de la réalité, ce que vous vivriez en chair et en os si vous atteigniez votre but, et vous le retrouverez en chair et en os comme vous l'avez rencontré en imagination.

Nourrissez l'esprit de prémisses, c'est-à-dire d'affirmations présumées vraies, car les assomptions, bien que fausses, si elles persistent jusqu'à ce qu'elles aient le sentiment d'être réelles, se concrétisent pour devenir des faits.

Dans une assomption, tous les moyens qui favorisent sa réalisation sont bons. Elle influence le comportement de tous, en inspirant à chacun les mouvements, les actions et les paroles qui tendent à son accomplissement.

Pour comprendre comment l'homme façonne son avenir en harmonie avec son assomption – en vivant simplement dans son imagination ce qu'il vivrait dans la réalité s'il réalisait son objectif – nous devons savoir ce que nous entendons par un monde dimensionnellement plus grand, car c'est dans un monde dimensionnellement plus grand que nous nous rendons pour modifier notre avenir.

L'observation d'un événement avant qu'il ne se produise implique que l'événement est prédéterminé du point de vue de l'homme dans le monde tridimensionnel. Par conséquent, pour changer les conditions ici dans les trois dimensions de l'espace, nous devons d'abord les changer dans les quatre dimensions de l'espace.

L'homme ne sait pas exactement ce que l'on entend par un monde dimensionnellement plus grand, et niera sans doute l'existence d'un Moi dimensionnellement plus grand. Il connaît bien les trois dimensions que sont la longueur, la largeur et la hauteur, et il estime que s'il existait une quatrième dimension, elle serait aussi évidente pour lui que les dimensions de longueur, de largeur et de hauteur.

Une dimension n'est pas une ligne. Il s'agit de mesurer une chose d'une manière entièrement différente de toutes les autres manières. En d'autres termes, pour mesurer un solide à la quatrième dimension, il suffit de le mesurer dans n'importe quelle direction, à l'exception de sa longueur, de sa largeur et de sa hauteur. Existe-t-il une autre façon de mesurer un objet que sa longueur, sa largeur et sa hauteur ?

Le temps mesure la vie sans utiliser les trois dimensions que sont la longueur, la largeur et la hauteur. L'objet instantané n'existe pas. Son apparition et sa disparition sont mesurables. Il dure un certain temps. On peut mesurer sa durée de vie sans utiliser les dimensions de longueur, de largeur et de hauteur. De ce fait, le temps est bien une quatrième façon de mesurer un objet.

Plus un objet a de dimensions, plus il est substantiel et réel.

Une ligne droite, qui se situe entièrement dans une dimension, acquiert une forme, une masse et une substance par l'ajout de dimensions. Quelle nouvelle qualité le temps, la quatrième dimension, apporterait-il, qui le rendrait aussi largement supérieur aux solides que les solides le sont aux surfaces et que les surfaces le sont aux lignes ? Le temps est un support pour les changements dans l'expérience, car tous les changements prennent du temps.

La nouvelle qualité est la modifiabilité. Observez que si nous coupons un solide en deux, sa section transversale sera une surface ; en coupant une surface, nous obtenons une ligne, et en coupant une ligne, nous obtenons un point. Cela signifie qu'un point n'est qu'une coupe transversale d'une ligne, qui n'est elle-même qu'une coupe transversale d'une surface, qui n'est elle-même qu'une coupe transversale d'un solide, qui n'est elle-même, si on la pousse jusqu'au bout, qu'une coupe transversale d'un objet à quatre dimensions.

Cette réflexion nous conduit à déduire que tous les objets tridimensionnels ne sont que des sections transversales de corps quadridimensionnels. Ce qui signifie que lorsque je vous rencontre, je rencontre une section transversale du vous quadridimensionnel – le Soi quadridimensionnel invisible. Pour voir le Soi quadridimensionnel, je dois voir chaque section transversale ou moment de votre vie, de la naissance à la mort, et les voir tous comme coexistants.

Mon attention doit se porter sur l'ensemble des impressions sensorielles dont vous avez fait l'expérience sur terre, ainsi que sur celles que vous pourriez rencontrer. Je dois les voir, non pas dans l'ordre dans lequel vous les avez vécues, mais comme un tout présent. Parce que le changement est la caractéristique de la quatrième dimension, je dois les voir dans un état de flux – comme un ensemble vivant et animé.

À présent, si nous avons tout cela clairement fixé dans notre esprit, qu'est-ce que cela signifie pour nous dans ce monde tridimensionnel ? Cela signifie que si nous pouvons nous déplacer sur la longueur des temps, nous pouvons voir l'avenir et le modifier selon notre désir.

Ce monde, que nous croyons si solidement réel, est une ombre dans laquelle nous pouvons entrer et sortir à tout moment. C'est une abstraction d'un monde plus fondamentalement et dimensionnellement plus grand, d'un monde plus fondamentalement abstrait d'un monde encore plus fondamentalement et dimensionnellement plus grand, et ainsi de suite jusqu'à l'infini. Car l'absolu est inaccessible par quelque moyen ou analyse que ce soit, quel que soit le nombre de dimensions que nous ajoutons au monde.

L'homme peut prouver l'existence d'un monde dimensionnellement plus grand en concentrant simplement son attention sur un état invisible et en imaginant qu'il le voit et le ressent. S'il reste concentré dans cet état, son environnement actuel disparaîtra et il se réveillera dans un monde dimensionnellement plus vaste où l'objet de sa contemplation sera perçu comme une réalité objective concrète.

Je sens intuitivement que s'il faisait abstraction de ce monde dimensionnellement plus grand et se retirait encore plus loin dans son esprit, il provoquerait à nouveau une extériorisation du temps. Il découvrirait que, chaque fois qu'il se retire dans son esprit intérieur et qu'il provoque une extériorisation du temps, l'espace devient dimensionnellement plus grand. Il en conclurait que le temps et l'espace sont sériels et que la vie consiste en fait à escalader un bloc de temps aux multiples dimensions.

Les scientifiques expliqueront un jour pourquoi il existe un univers en série. Mais en pratique, le plus important est de savoir comment nous utilisons cet univers sériel pour changer l'avenir. Pour changer l'avenir, il suffit de s'intéresser à deux mondes de la série infinie : le monde que nous connaissons grâce à nos organes corporels et le monde que nous percevons indépendamment de nos organes corporels.

J'ai dit que l'homme a, à chaque instant, le choix entre plusieurs avenirs. Mais la question se pose : « Comment est-ce possible alors que les expériences de l'homme, éveillé dans le monde tridimensionnel, sont prédéterminées ? » comme l'implique son observation d'un événement avant qu'il ne se produise.

Cette capacité à changer l'avenir apparaît si l'on compare les expériences de la vie sur terre à cette page imprimée. L'homme vit les événements sur terre individuellement et successivement de la même manière que vous vivez actuellement les mots de cette page.

Imaginez que chaque mot de cette page représente une impression sensorielle unique. Pour saisir le contexte, pour comprendre ma signification, vous concentrez votre vision sur le premier mot dans le coin supérieur gauche, puis vous déplacez votre regard sur la page de gauche à droite, en le laissant tomber sur les mots individuellement et successivement. Lorsque vos yeux atteignent le dernier mot de cette page, vous avez saisi mon sens.

Mais supposons qu'en regardant la page, avec tous les mots imprimés également présents, vous décidiez de les réorganiser. En les réarrangeant, vous pourriez raconter une histoire totalement différente, de fait vous pourriez raconter de nombreuses histoires différentes.

Un rêve n'est rien d'autre qu'une pensée quadridimensionnelle incontrôlée, ou le réarrangement d'impressions sensorielles passées et futures. L'homme rêve rarement d'événements dans l'ordre dans lequel il les vit lorsqu'il est éveillé. Il rêve généralement de deux ou plusieurs événements séparés dans le temps et fusionnés en une seule impression sensorielle ; ou bien il réorganise si complètement ses impressions sensorielles uniques éveillées qu'il ne les reconnaît pas lorsqu'il les rencontre dans son état éveillé.

Par exemple, j'ai rêvé que je livrais un colis au restaurant de mon immeuble. L'hôtesse m'a dit : « Vous ne pouvez pas laisser ça là », après quoi le liftier m'a donné quelques lettres et, comme je le remerciais, il m'a remercié en retour. C'est alors que liftier de nuit est apparu et m'a salué.

Le lendemain, en quittant mon appartement, j'ai ramassé quelques lettres qui avaient été déposées à ma porte. En descendant, j'ai remercié le liftier de jour de s'être occupé de mon courrier et lui ai donné un pourboire, ce dont il m'a remercié.

En rentrant chez moi ce jour-là, j'ai entendu un portier dire à un livreur : « Vous ne pouvez pas laisser ça là ». Alors que je m'apprêtais à prendre l'ascenseur pour monter à mon appartement, j'ai été attiré par un visage familier dans le restaurant, et lorsque je suis entré, l'hôtesse m'a accueilli avec un sourire. Ce soir-là, j'ai accompagné mes invités jusqu'à l'ascenseur et, au moment où je leur disais au revoir, le liftier de nuit m'a salué.

En réorganisant simplement quelques-unes des impressions sensorielles uniques que j'étais destiné à rencontrer, et en fusionnant deux ou plusieurs d'entre elles en impressions sensorielles uniques, j'ai construit un rêve qui différait entièrement de mon expérience éveillée.

Lorsque nous aurons appris à contrôler les mouvements de notre attention dans le monde quadridimensionnel, nous pourrons créer consciemment des circonstances dans le monde tridimensionnel. Nous apprenons ce contrôle grâce au rêve éveillé, où notre attention peut être maintenue sans effort, car l'attention sans effort est indispensable pour changer l'avenir. Nous pouvons, dans un rêve éveillé contrôlé, construire consciemment un événement que nous souhaitons vivre dans le monde tridimensionnel.

Les impressions sensorielles que nous utilisons pour construire notre rêve éveillé sont des réalités présentes déplacées dans le temps ou dans le monde quadridimensionnel. Tout ce que nous faisons en construisant le rêve éveillé, c'est de sélectionner parmi la vaste gamme d'impressions sensorielles celles qui, lorsqu'elles sont correctement agencées, impliquent que nous avons réalisé notre désir.

Le rêve étant clairement défini, nous nous installons dans un fauteuil et induisons un état de conscience proche du sommeil. Un état qui, bien que proche du sommeil, nous laisse le contrôle conscient des mouvements de notre attention. Nous vivons alors en imagination ce que nous vivrions dans la réalité si ce rêve éveillé était un fait objectif.

En appliquant cette technique pour changer l'avenir, il est important de toujours se rappeler que la seule chose qui occupe l'esprit pendant le rêve éveillé est LE RÊVE ÉVEILLÉ lui-même, l'action et la sensation prédéterminées qui impliquent la réalisation de notre désir. La manière dont le rêve éveillé devient un fait physique ne nous concerne pas. C'est notre acceptation du rêve éveillé en tant que réalité physique qui détermine les moyens de sa réalisation.

Permettez-moi de poser à nouveau les fondements de la prière, qui n'est rien d'autre qu'un rêve éveillé contrôlé :

1. Définissez votre objectif, sachez exactement ce que vous désirez.

2. Construisez un événement que vous pensez rencontrer suite à la réalisation de votre désir – quelque chose qui aura l'action du Soi prédominante – un événement qui implique la réalisation de votre désir.

3. Immobilisez votre corps et induisez un état de conscience proche du sommeil. Ensuite, ressentez mentalement l'action proposée, jusqu'à ce que la seule sensation d'accomplissement domine l'esprit ; imaginez pendant tout ce temps que vous êtes en train d'accomplir l'action ici et maintenant, de sorte que vous vivez en imagination ce que vous vivriez en chair et en os si vous atteigniez maintenant votre objectif. L'expérience m'a convaincu que c'est la façon la plus simple d'atteindre notre objectif.

Cependant, mes nombreux échecs me condamneraient si je prétendais maîtriser entièrement les mouvements de mon attention. Mais je peux, avec l'ancien maître, dire :

« Je fais une seule chose : oubliant ce qui est en arrière, et me portant vers ce qui est en avant, je cours vers le but pour remporter le prix… ». Phil. 3:13, 14

Une fois de plus, je tiens à vous rappeler que la responsabilité de rendre ce que vous avez fait réel de ce monde ne repose pas sur vos épaules. Ne vous préoccupez pas du comment, vous avez assumé que c'était fait, l'assomption a sa propre façon de s'objectiver. Toute responsabilité pour qu'il en soit ainsi vous est retirée.

Une petite phrase du livre de l'Exode le confirme.

Des millions de personnes qui l'ont lu, ou à qui on l'a mentionné au cours des siècles, l'ont mal compris. Il est dit : « Tu ne feras point cuire un chevreau dans le lait de sa mère ». Exode 23:19

Des millions de personnes, ayant mal interprété cette déclaration, ne mangeront pas de produits laitiers accompagnés d'un plat de viande, et ce de nos jours encore. Cela ne se fait tout simplement pas.

Ils pensent que la Bible fait partie de l'Histoire, et puisqu'elle dit « Tu ne feras point cuire un chevreau dans le lait de sa mère », ils ne consommeront pas de lait ni de produits laitiers, tels que le beurre et le fromage, en même temps que le chevreau ou toute autre sorte de viande. En fait, ils auront des plats séparés pour faire cuire leur viande.

Mais vous êtes maintenant sur le point de l'appliquer sur le plan psychologique. Vous avez travaillé votre esprit et vous avez assumé être ce que vous désirez être.

La conscience est Dieu, votre attention, est comme le courant de vie ou le lait lui-même qui nourrit et rend vivant ce qui retient votre attention. En d'autres termes, ce qui retient votre attention est votre vie.

Au fil des siècles, le chevreau a été utilisé comme un symbole du sacrifice. Vous avez donné naissance à tout ce qui existe dans votre monde. Mais il y a des choses que vous ne pouvez plus garder en vie, bien que vous les ayez portées en vous et engendrées. Vous êtes un père jaloux qui peut consommer, comme Cronos, ses enfants. Il est de votre droit de consommer ce que vous avez exprimé autrefois, quand vous baigniez dans l'ignorance.

Aujourd'hui, vous êtes détaché en conscience de cet état antérieur. C'était votre chevreau, c'était votre enfant, vous l'avez incarné et exprimé dans votre monde. Mais maintenant que vous avez assumé le fait d'être ce que vous désirez être, ne regardez pas en arrière et ne vous demandez pas comment il va disparaître de votre monde. Car si vous regardez en arrière et lui accordez de l'attention, vous cuisez une fois de plus le chevreau dans le lait de sa mère.

Ne vous dites pas : « Je me demande si je suis vraiment libéré de cet état » ou « Je me demande si telle ou telle chose est vraie ». Accordez toute votre attention à l'assomption que la chose est ainsi, parce que toute responsabilité de faire en sorte qu'il en soit ainsi est entièrement retirée de vos épaules. Vous n'avez pas à faire en sorte que ce soit le cas, c'est le cas. Vous vous appropriez ce qui est déjà un fait, et vous marchez dans l'assomption que c'est le cas, et d'une manière que vous ignorez, que j'ignore, que tout le monde ignore, elle s'objective dans votre monde.

Ne vous préoccupez pas du comment et ne regardez pas en arrière. « Quiconque met la main à la charrue et regarde en arrière n'est pas propre au royaume de Dieu. » Luc 9:62

Il suffit d'assumer que c'est fait et d'omettre la raison, d'omettre tous les arguments de l'esprit tridimensionnel conscient. Votre désir est hors de portée de l'esprit tridimensionnel.

Assumez que vous êtes ce que vous souhaitez être ; marchez comme si vous l'étiez ; et si vous restez fidèle à votre assomption, elle se transformera en réalité.

Questions et Réponses

1. Question : *Quelle est la signification de votre emblème figurant sur les couvertures de vos livres?*

Réponse : C'est un œil placé sur un cœur qui, à son tour, est placé sur un arbre rempli de fruits, ce qui signifie que ce dont vous êtes conscient et que vous acceptez comme vrai, vous allez le réaliser. Tel un homme pense dans son cœur, tel il est.

2. Question : *J'aimerais me marier, mais je n'ai pas trouvé l'homme idéal. Comment puis-je m'imaginer un mari ?*

Réponse : Toujours amoureux des idéaux, c'est l'état idéal qui capte l'esprit. Ne confinez pas l'état de mariage à un certain homme, mais à une vie pleine, riche et débordante. Vous souhaitez connaître la joie du mariage. Ne modifiez pas votre rêve, mais améliorez-le en le rendant plus beau. Puis réduisez votre désir en une seule sensation ou un seul acte qui implique sa réalisation.

Dans le monde occidental, une femme porte une alliance à l'annulaire de la main gauche. La maternité n'implique pas nécessairement le mariage ; l'intimité n'implique pas nécessairement le mariage, mais l'alliance, elle, l'implique.

Installez-vous sur un fauteuil confortable ou allongez-vous sur le dos et induisez un état proche du sommeil. Imaginez ensuite que vous êtes mariée. Imaginez une alliance à votre doigt. Touchez-la. Tournez-la autour du doigt. Retirez-la. Poursuivez l'action jusqu'à ce que l'alliance ait la netteté et la sensation de la réalité. Sentez-la sur votre doigt pendant une période si longue que lorsque vous ouvrirez les yeux, vous serez surprise de ne pas la voir à votre doigt.

Si vous êtes un homme qui ne porte pas d'anneau, vous pourriez assumer une plus grande responsabilité. Comment vous sentiriez-vous si vous aviez une femme à votre charge ? Assumez le sentiment d'être un homme marié heureux en ce moment.

3. **Question** : *Que dois-je faire pour inspirer des pensées créatives telles que celles nécessaires à l'écriture ?*

Réponse : Que devez-vous faire ? Assumez que l'histoire a déjà été écrite et acceptée par une grande maison d'édition. Réduisez l'idée d'être écrivain à une sensation de satisfaction.

Répétez la phrase « n'est-ce pas merveilleux ! » ou « merci, merci, merci », encore et encore jusqu'à ce que vous vous sentiez satisfait. Ou encore, imaginez qu'un ami vous félicite. Il existe d'innombrables façons de suggérer la réussite, mais allez toujours jusqu'au bout. C'est en acceptant la fin que vous la réaliserez. Ne pensez pas à vous mettre d'humeur à écrire, mais vivez et agissez comme si vous étiez maintenant l'auteur que vous souhaitez être. Assumez que vous avez le talent d'écrire.

Pensez au modèle que vous voulez voir apparaître à l'extérieur. Si vous écrivez un livre et que personne ne l'achète, vous n'en tirerez aucune satisfaction. Agissez comme si les gens étaient impatients de lire votre travail. Vivez comme si vous ne pouviez pas produire d'histoires ou de livres assez rapidement pour répondre à la demande. Persistez dans cette assomption et tout ce qui est nécessaire pour atteindre votre objectif éclora rapidement et vous l'exprimerez.

4. **Question** : *Comment puis-je imaginer un public plus large pour mes conférences ?*

Réponse : La meilleure façon de vous répondre est de vous faire part de la technique utilisée par un professeur très compétent que je connais. Lorsque cet homme est arrivé dans ce pays, ses premières interventions se sont déroulées dans une petite salle de New York. Bien que seulement cinquante ou soixante personnes assistaient à sa réunion du dimanche matin, et qu'elles s'asseyaient devant, cet enseignant se tenait sur le podium et imaginait un vaste auditoire. Puis il disait à l'espace vide : « M'entendez-vous là-bas ? ».

Aujourd'hui, cet homme parle au Carnegie Hall de New York devant environ 2 500 personnes chaque dimanche matin et mercredi soir. Il voulait parler aux foules. Il n'était pas modeste. Il n'a pas essayé de se leurrer ; il a créé une foule dans sa propre conscience, et les foules sont venues. Tenez-vous devant un large public. Adressez-vous à ce public dans votre imagination. Sentez que vous êtes sur cette scène et votre sentiment vous en fournira les moyens.

5. **Question** : *Est-il possible d'imaginer plusieurs choses en même temps ou dois-je me limiter à un seul désir ?*

Réponse : Personnellement, j'aime limiter mon acte imaginaire à une seule pensée, mais cela ne veut pas dire que je m'arrête là. Au cours d'une journée, je peux imaginer beaucoup de choses, mais au lieu d'imaginer beaucoup de petites choses, je vous suggère d'imaginer quelque chose de si grand qu'il inclut toutes les petites choses.

Au lieu d'imaginer la richesse, la santé et les amis, imaginez que vous êtes en extase. Vous ne pouvez pas être en extase et souffrir. Vous ne pouvez pas être en extase et sur le point d'être dépossédé de quoi que ce soit. Vous ne pouvez pas être en extase si vous ne jouissez pas pleinement de l'amitié et de l'amour.

Que ressentiriez-vous si vous étiez en extase sans savoir ce qui s'est passé pour produire cette extase ? Réduisez l'idée de l'extase à la seule sensation « n'est-ce pas merveilleux ! ». Ne permettez pas à l'esprit conscient et raisonnant de demander pourquoi, car s'il le fait, il commencera à chercher des causes visibles, et la sensation sera perdue. Répétez plutôt, encore et encore : « n'est-ce pas merveilleux ! ». Ne portez pas de jugement sur ce qui est merveilleux. Saisissez la sensation unique de l'émerveillement de l'ensemble et les choses se produiront pour témoigner de la véracité de cette sensation. Et je vous promets que toutes les petites choses en feront partie.

6. Question : *Quelle est la fréquence de l'acte imaginal : quelques jours ou plusieurs semaines ?*

Réponse : Dans le livre de la Genèse, on raconte l'histoire de Jacob luttant avec un ange. Cette histoire nous donne l'indice que nous recherchons, à savoir que lorsque la satisfaction est atteinte, l'impuissance s'ensuit.

Lorsque le sentiment de réalité vous habite, pour le moment du moins, vous êtes mentalement impuissant. Le désir de répéter l'acte de prière est perdu, remplacé par le sentiment d'accomplissement. Vous ne pouvez pas persister à vouloir ce que vous avez déjà. Si vous assumez être ce que vous désirez être jusqu'à l'extase, vous ne le désirez plus. Votre acte imaginaire est autant un acte créatif qu'un acte physique dans lequel l'homme s'arrête, se rétrécit et est béni, car de même que l'homme crée sa propre ressemblance, votre acte imaginaire se transforme en la ressemblance de votre assomption. Si, toutefois, vous n'atteignez pas le point de satisfaction, répétez l'action encore et encore jusqu'à ce que vous ayez l'impression de l'avoir atteinte et que la vertu soit sortie de vous.

7. Question : *On m'a appris à ne pas demander de choses matérielles, à aspirer seulement à la croissance spirituelle, et pourtant j'ai besoin d'argent et de choses matérielles*

Réponse : Vous devez être honnête avec vous-même. Tout au long des Écritures, la question est posée : « Que veux-tu de moi ? » Certains voulaient voir, d'autres manger et d'autres encore voulaient être guéris, ou « que mon enfant vive ».

Votre moi dimensionnellement plus grand vous parle à travers le langage du désir. Ne vous leurrez. Si vous savez ce que vous désirez, affirmez que vous l'avez déjà, car c'est le bon plaisir de votre Père de vous le donner et rappelez-vous que ce que vous désirez, vous l'avez.

8. Question : *Lorsqu'on a assumé son désir, garde-t-on à l'esprit la présence constante de cette grandeur qui nous protège et nous donne notre assomption ?*

Réponse : L'acceptation de la fin détermine les moyens. Assumez le sentiment que votre souhait est exaucé et votre moi dimensionnellement plus grand déterminera les moyens. Lorsque vous vous appropriez un état comme si vous l'aviez, l'activité de la journée détourne votre esprit de toute pensée anxieuse, de sorte que vous ne cherchez pas de signes. Vous ne devez pas avoir le sentiment qu'une présence va le faire pour vous, mais vous savez que c'est déjà fait. Sachant que c'est déjà un fait, marchez comme si c'était le cas, et les choses se produiront pour qu'il en soit ainsi. Vous n'avez pas à vous préoccuper de ce qu'une présence fasse quoi que ce soit pour vous. Le Vous plus profond, dimensionnellement plus grand, l'a déjà fait. Tout ce que vous avez à faire, c'est de vous rendre à l'endroit où vous la rencontrerez.

Rappelez-vous l'histoire de l'homme ayant quitté son maître et qui rentrait chez lui lorsqu'il rencontra son serviteur qui lui dit : « Ton fils est vivant ». Lorsqu'il demanda à quelle heure c'était arrivé, le serviteur répondit : « À la septième heure ». À l'heure même où il a exprimé son désir, il a été exaucé, car c'est à la septième heure que le maître a dit : « Ton fils est vivant. » Ton désir est déjà exaucé. Marchez comme s'il l'était et, bien que le temps passe lentement dans cette dimension de votre être, il vous apportera la confirmation de votre assomption. Ne soyez pas impatient. S'il est une chose dont vous devez faire preuve, c'est de patience.

9. **Question** : *N'y a-t-il pas une loi qui dit qu'on n'obtient rien sans rien ? Qu'il faut mériter ce que nous désirons ?*

Réponse : La création est terminée ! La volonté de votre Père est de vous offrir le royaume. La parabole du fils prodigue est votre réponse. Malgré le mépris de l'homme, lorsqu'il reprend ses esprits et se souvient de qui il est, il se nourrit du veau gras de l'abondance et porte la robe et l'anneau de l'autorité. Il n'y a rien à gagner. La création a été achevée dans la nuit des temps. Vous, en tant qu'homme, vous êtes Dieu rendu visible pour montrer ce qui est, et non ce qui doit être. Ne pensez pas que vous devez travailler à votre salut à la sueur de votre front. Il ne reste pas quatre mois avant la moisson, les champs sont déjà florissants, il suffit d'y planter la faucille.

10. Question : *La pensée que la création est achevée ne prive-t-elle pas de son initiative ?*

Réponse : Si vous observez un événement avant qu'il ne se produise, cet événement doit être prédéterminé du point de vue de la conscience éveillée dans ce monde tridimensionnel. Cependant, vous n'êtes pas obligé de rencontrer ce que vous observez.

Vous pouvez, en changeant votre concept de soi, interférer avec votre avenir et le modeler en harmonie avec votre nouveau concept de soi.

11. Question *: Cette capacité à modifier l'avenir ne nie-t-elle pas que la création est achevée ?*

Réponse : Non. En changeant votre concept de soi, vous changez votre relation aux choses. Si vous réarrangez les mots d'une pièce de théâtre pour en écrire une autre, vous n'avez pas créé de nouveaux mots, vous vous êtes simplement amusés à les réarranger. Votre concept de soi détermine l'ordre des événements que vous rencontrez.

Ils sont dans la fondation du monde, mais pas dans leur ordre d'agencement.

12. Question : *Pourquoi celui qui travaille dur en métaphysique semble-t-il toujours souffrir d'un manque ?*

Réponse : Parce qu'il n'a pas vraiment appliqué la métaphysique. Je ne parle pas d'une approche de la vie qui se résume à des paroles en l'air, mais d'une application quotidienne de la loi de la conscience. Lorsque vous vous appropriez votre bien, il n'est pas nécessaire qu'un homme, ou un État, agisse comme un médium par lequel votre bien arrivera.

Vivant dans un monde d'hommes, j'ai besoin d'argent dans ma vie de tous les jours. Si je vous invite à déjeuner demain, je dois réclamer l'addition. Lorsque je quitte un hôtel, je dois payer la note. Pour prendre le train qui me ramène à New York, je dois payer mon billet de train. J'ai besoin d'argent et il doit être là. Je ne vais pas dire : « Dieu est le meilleur et il sait que j'ai besoin d'argent ». Je vais plutôt m'approprier l'argent comme si c'était le cas !

Nous devons vivre avec audace ! Nous devons traverser la vie comme si nous possédions ce que nous désirons posséder. Ne pensez pas que parce que vous avez aidé quelqu'un, une force extérieure à vous a été témoin de vos bonnes œuvres et interviendra, vous donnera quelque chose, pour alléger votre propre fardeau. Personne ne peut le faire à votre place. C'est à vous d'aller hardiment vous approprier ce que votre Père vous a déjà donné.

13. Question : *Une personne sans instruction peut-elle s'éduquer en se donnant l'impression d'être instruite ?*

Réponse : Oui. Un intérêt éveillé permet d'obtenir des informations de toutes parts. Vous devez désirer sincèrement être bien éduqué. Le désir d'être bien éduqué, suivi de l'assomption que vous l'êtes, vous rend sélectif dans vos lectures. Au fur et à mesure que vous progressez dans votre éducation, vous devenez automatiquement plus sélectif, plus discriminant dans tout ce que vous faites.

14. Question : *Mon mari et moi suivons le cours ensemble. Devons-nous discuter de nos désirs l'un avec l'autre ?*

Réponse : Il y a deux dictons spirituels dans la Bible. L'un est : « Ne le dis à personne », l'autre : « Je vous l'ai dit avant que cela n'arrive, afin que, lorsque cela arrivera, vous croyiez ». Il faut de l'audace spirituelle pour dire à quelqu'un que son désir est exaucé avant que cela ne se voie à l'extérieur. Si vous n'avez pas cette audace, il vaut mieux vous taire.

Personnellement, j'aime bien raconter mes projets à ma femme, car nous sommes tous les deux ravis de les voir se concrétiser. La première personne à qui un homme veut prouver cette loi est sa femme. On dit que Mohammad est éternellement grand parce que son premier disciple était sa femme.

15. **Question** : *Mon mari et moi devons-nous travailler sur le même projet ou sur des projets distincts ?*

Réponse : Cela dépend entièrement de vous. Ma femme et moi avons des intérêts différents, mais nous avons beaucoup en commun. Vous souvenez-vous de l'histoire que j'ai racontée à propos de notre retour aux États-Unis au printemps ? J'ai estimé qu'il était de mon devoir, en tant que mari, d'obtenir un billet de retour pour l'Amérique, donc je me suis approprié cette tâche. J'estime que certaines choses relèvent de la responsabilité de ma femme, tout comme l'entretien d'une maison propre et agréable et la recherche d'une école appropriée pour notre fille, et dans ce cas, c'est elle qui s'en charge.

Très souvent, ma femme me demande d'imaginer pour elle, comme si elle avait plus confiance en mes capacités qu'en les siennes. Cela me flatte, car tout homme digne de ce nom veut sentir que sa famille a foi en lui. Mais je ne vois rien de mal à la communion entre deux personnes qui s'aiment.

16. **Question** : *Je pense que si l'on s'immerge trop dans l'état de sommeil, un manque de sentiment surviendra.*

Réponse : Lorsque je parle de sentiment, je ne parle pas d'émotion, mais d'acceptation du fait que le désir est satisfait. Lorsque vous vous sentez reconnaissant, comblé, il est facile de dire « Merci », « N'est-ce pas merveilleux ! » ou « C'est terminé ». Lorsque vous entrez dans l'état de reconnaissance, vous pouvez soit vous réveiller en sachant que c'est fait, soit vous endormir en pensant que votre souhait est exaucé.

17. Question : *L'amour est-il un produit de notre propre conscience ?*

Réponse : Toutes les choses existent dans votre conscience, qu'il s'agisse d'amour ou de haine. Rien ne vient de l'extérieur. Les collines vers lesquelles vous vous tournez pour trouver de l'aide se trouvent à l'intérieur. Vos sentiments d'amour, de haine ou d'indifférence proviennent tous de votre propre conscience. Vous êtes infiniment plus grand que vous ne pourriez jamais le concevoir. Jamais dans l'éternité vous n'atteindrez le vous ultime.

C'est à quel point vous êtes merveilleux. L'amour n'est pas un produit venant de vous. Vous êtes l'amour, car c'est ce qu'est Dieu, et le nom de Dieu est Je suis, le nom même que vous vous donnez avant de revendiquer l'état dans lequel vous vous trouvez actuellement.

18. Question : *Si mes désirs ne peuvent se concrétiser avant six mois ou un an, dois-je attendre pour les imaginer ?*

Réponse : Lorsque le désir vous envahit, c'est le moment d'accepter votre souhait dans sa plénitude. Il y a peut-être des raisons pour lesquelles ce désir vous est donné en ce moment. Votre être tridimensionnel peut penser que ce n'est pas possible maintenant, mais votre esprit de quatrième dimension sait que c'est déjà le cas, de sorte que le désir devrait être accepté par vous comme un fait physique maintenant.

Supposons que vous vouliez construire une maison. L'envie est là, vous la voudriez maintenant, mais il faudra du temps pour que les arbres poussent et que le charpentier la construise. Si vous en avez vraiment envie, n'attendez pas pour vous y adapter. Revendiquez-en la possession maintenant et laissez-la s'objectiver de sa mystérieuse manière. Ne dites pas que cela prendra six mois ou un an. Dès que le désir vous envahit, considérez qu'il est déjà un fait ! C'est vous et vous seul qui avez donné à votre désir un intervalle de temps, et le temps est relatif lorsqu'il s'agit de ce monde. N'attendez pas que quelque chose se réalise, acceptez-le maintenant comme si c'était le cas et voyez ce qui se passe.

Lorsque vous avez un désir, le vous profond, que les hommes appellent Dieu, parle. Il vous incite, par le langage du désir, à accepter ce qui n'est pas ce qui doit être ! Le désir est simplement sa communion avec vous, vous disant que votre désir est le vôtre maintenant ! Votre acceptation de ce fait est prouvée par votre adaptation complète à ce fait comme s'il était vrai.

19. **Question :** *Pourquoi certains d'entre nous meurent jeunes ?*

Réponse : Notre vie ne se mesure pas, rétrospectivement, en années mais au contenu de ces années.

20. **Question :** *Que considérez-vous comme une vie bien remplie ?*

Réponse : Une vie riche d'expériences variées. Plus elles sont variées, plus votre vie est riche. À la mort, vous évoluez dans un monde dimensionnellement plus vaste et vous jouez votre rôle sur un clavier composé de toute une vie d'expériences humaines.

Par conséquent, plus vos expériences sont variées, plus votre instrument est affiné et plus votre vie est riche.

21. Question : *Qu'en est-il d'un enfant qui meurt à la naissance ?*

Réponse : L'enfant qui naît vit pour toujours, car rien ne meurt. Il peut sembler que l'enfant qui meurt à la naissance ne dispose pas d'un clavier d'expérience humaine, mais comme l'a dit un poète :

« Il a tracé un cercle qui m'a exclu, Infidèle, scélérat, une chose à bafouer. Mais l'amour et moi avons eu l'intelligence de gagner ! Nous avons tracé un cercle qui l'a accueilli. »

L'être aimé a accès aux expériences sensorielles de l'amant. Dieu est amour ; donc, en fin de compte, chacun a un instrument dont le clavier est constitué par les impressions sensorielles de tous les hommes.

22. Question : *Quelle est votre technique de prière ?*

Réponse : Tout commence par le désir, car le désir est le moteur de l'action. Vous devez connaître et définir votre objectif, puis le condenser en une sensation qui implique la réalisation. Lorsque votre désir est clairement défini, immobilisez votre corps et vivez, en imagination, l'action qui implique sa réalisation. Répétez cet acte encore et encore jusqu'à ce qu'il ait la vivacité et la sensation de la réalité. Ou condensez votre désir en une seule phrase qui implique la réalisation, telle que « Merci Père », « N'est-ce pas merveilleux » ou « C'est fini ». Répétez cette phrase ou cette action condensée dans votre imagination, encore et encore. Puis, soit vous vous réveillez de cet état, soit vous vous immergez dans les profondeurs. Peu importe qu'il s'agisse l'un ou de l'autre, car l'acte est accompli lorsque vous l'acceptez complètement comme étant terminé dans cet état de sommeil et de somnolence.

23. Question : *Deux personnes souhaitent le même poste. L'une l'a. L'autre l'avait et veut le récupérer.*

Réponse : Votre Père (vous qui êtes dimensionnellement plus grand) a des voies et des moyens que vous ne connaissez pas. Acceptez sa sagesse. Si vous sentez que votre désir est comblé, alors permettez à votre Père de vous le donner. La personne actuelle peut être promue à un poste plus élevé ou épouser un homme très riche et abandonner son travail. Elle peut gagner beaucoup d'argent ou choisir de déménager dans un autre État.

Beaucoup de gens disent qu'ils veulent travailler, mais j'en doute sérieusement. Ils veulent la sécurité et la conditionnent à un emploi. Je ne pense pas que la plupart des gens ait vraiment envie de se lever le matin pour aller travailler.

24. Question : *Quelle est la cause de la maladie et de la douleur ?*

Réponse : Le corps est un filtre émotionnel. De nombreuses affections humaines, considérées jusqu'à présent comme purement physiques, sont aujourd'hui reconnues comme ayant pour origine des perturbations émotionnelles.

La douleur provient d'un manque de détente. Lorsque vous dormez, vous ne souffrez pas. Si vous êtes sous anesthésie, vous ne souffrez pas parce que vous êtes détendu, pour ainsi dire. Si vous avez mal, c'est parce que vous êtes tendu et que vous essayez de forcer quelque chose. Vous ne pouvez pas forcer une idée à s'incarner, vous vous l'appropriez simplement. C'est l'attention sans l'effort. Seule la pratique vous amènera à ce point où vous pourrez être attentif tout en étant détendu.

L'attention est une tension vers une fin, et la relaxation est tout le contraire.

Voici deux idées complètement opposées que vous devez

combiner jusqu'à ce que vous appreniez, par la pratique, à être attentif, sans être tendu. Le mot « contentement » est un état de « l'attention sans effort ». Dans un état de contentement, vous êtes tenu par l'idée sans tension.

25. **Question :** *J'ai beau essayer d'être heureux, j'ai le sentiment mélancolique d'être mis à l'écart. Pourquoi ?*

Réponse : Parce que vous avez l'impression qu'on ne veut pas de vous. Si j'étais vous, j'assumerais que l'on veut de moi. Vous connaissez la technique. L'assomption que vous êtes désiré peut sembler fausse au premier abord, mais si vous vous sentez désiré et respecté, et que vous persistez dans cette assomption, vous serez surpris de voir à quel point les autres vous rechercheront. Ils commenceront à voir en vous des qualités qu'ils n'avaient jamais vues auparavant. Je vous le promets. Si vous assumez être ce que vous désiré être, vous le serez.

26. **Question :** *Si la sécurité financière m'a été apportée par la mort d'un être cher, ai-je provoqué cette mort ?*

Réponse : Ne pensez pas une seconde que vous avez provoqué une mort en assumant la sécurité financière. Votre grand Soi ne blessera personne. Il voit tout et, connaissant la durée de vie de chacun, il peut inciter l'autre à vous donner ce qui peut répondre à votre attente.

Vous n'avez pas tué la personne qui vous a nommé dans son testament. Si, quelques jours après votre acceptation complète de l'idée de sécurité financière, l'oncle Jean a quitté ce plan tridimensionnel et vous a laissé son héritage, c'est uniquement parce qu'il était temps pour l'oncle Jean de partir. Il n'est pas mort une seconde avant son heure. Votre grand Soi a vu la durée de vie de Jean et l'a utilisé comme moyen de réaliser son sentiment de sécurité.

L'acceptation de la fin détermine les moyens à mettre en œuvre pour atteindre cette finalité. Ne vous préoccupez de rien d'autre que de la finalité. Gardez toujours à l'esprit que la responsabilité de faire en sorte qu'il en soit ainsi ne pèse aucunement sur vos épaules. Elle vous appartient parce que vous l'acceptez comme telle !

27. **Question** *: J'ai plus d'un objectif. Serait-il inefficace de se concentrer sur des objectifs différents à des périodes de concentration différentes ?*

Réponse : J'aime prendre une ambition dévorante, la restreindre à une seule phrase courte ou à un acte qui implique la réalisation, mais je ne limite pas mon ambition. Je sais seulement que mon véritable objectif inclura tous les petits.

28. **Question** : *J'ai du mal à changer ma conception de moi-même. Pourquoi ?*

Réponse : Parce que votre désir de changement n'a pas été éveillé. Si vous tombiez amoureux de ce que vous désirez vraiment être, vous le deviendriez. Il faut une faim intense pour provoquer une transformation de soi.

« Comme le cerf court après les ruisseaux, mon âme court après toi, Seigneur ». Si vous deveniez aussi assoiffés de perfection que le petit cerf l'est d'eau pour braver la colère du tigre dans la forêt, vous deviendriez parfaits.

29. **Question** : *J'envisage de créer une entreprise. Cela me tient à cœur, mais je n'arrive pas à imaginer comment mon envie peut se concrétiser.*

Réponse : Vous êtes déchargé de cette responsabilité. Vous n'avez pas besoin d'en faire une réalité, c'est déjà le cas ! Bien que votre conception de vous-même semble éloignée de l'entreprise que vous envisagez aujourd'hui, elle existe maintenant en tant que réalité en vous. Demandez-vous comment vous vous sentiriez et ce que vous feriez si votre entreprise était un grand succès. Identifiez-vous à ce personnage et à ce sentiment et vous serez étonné de la rapidité avec laquelle vous réaliserez votre rêve.

Le seul sacrifice que vous êtes appelé à faire, c'est d'abandonner votre concept actuel de vous-même et de vous approprier le désir que vous désirez exprimer.

30.**Question :** *En tant qu'étudiant en métaphysique, on m'a appris à croire que les croyances raciales et les conjectures universelles m'affectent. Voulez-vous dire que je ne suis influencé par ces croyances universelles que dans la mesure où je leur donne du pouvoir sur moi ?*

Réponse : Oui. Il ne s'agit que de votre point de vue individuel, car votre monde est toujours le témoin de votre concept de soi actuel. Si quelqu'un vous offense, changez votre conception de vous-même. C'est la seule façon de changer les autres. Le journal de ce soir peut être lu par six personnes dans cette salle et aucune n'interprétera la même histoire de la même manière. L'une sera ravie, l'autre déprimée, une autre indifférente, et ainsi de suite, et pourtant il s'agit de la même histoire.

Les conjectures universelles, les croyances raciales, appelez-les comme vous voulez, ne sont pas importantes pour vous. Ce qui est important, c'est l'idée que vous vous faites, non pas d'un autre, mais de vous-même, car l'idée que vous vous faites de vous-même détermine l'idée que vous vous faites des autres. Laissez les autres tranquilles. Que sont-ils pour vous ? Suivez vos propres désirs.

La loi est toujours en vigueur, toujours absolue. Votre conscience est le roc sur lequel reposent toutes les structures.

Observez ce dont vous êtes conscient. Vous n'avez pas besoin de vous préoccuper des autres car vous êtes soutenu par le caractère absolu de cette loi. Aucun homme ne vient à vous de son propre chef, qu'il soit bon, mauvais ou indifférent. Il ne vous a pas choisi ! C'est vous qui l'avez choisi ! Il a été attiré par vous à cause de ce que vous êtes.

On ne peut pas détruire l'État qu'un autre représente par la force. Il faut plutôt le laisser tranquille. Que représente-t-il pour vous ? Élevez-vous à un niveau de conscience plus élevé et vous découvrirez un nouveau monde qui vous attend, et à mesure que vous vous sanctifiez, le sont aussi.

31. Question : *Qui a écrit la Bible ?*

Réponse : La Bible a été écrite par des hommes intelligents qui ont utilisé les mythes solaires et phalliques pour révéler des vérités psychologiques. Mais nous avons pris leur allégorie pour de l'histoire et, par conséquent, nous n'avons pas perçu leur véritable message.

Il est étrange de constater que lorsque la Bible a été divulguée dans le monde et que l'acceptation semblait en vue, la grande bibliothèque d'Alexandrie a été réduite en cendres, ne laissant aucune trace de la genèse de la Bible. Peu de gens savent lire d'autres langues et ne peuvent donc pas comparer leurs croyances avec celles des autres. Nos églises ne nous encouragent pas à comparer. Parmi les millions de personnes qui acceptent la Bible comme un fait, combien la remettent en question ? Croyant qu'il s'agit de la parole de Dieu, elles acceptent aveuglément les mots et perdent ainsi l'essence qu'ils contiennent. Ayant accepté le véhicule, ils ne comprennent pas ce qu'il véhicule.

32. Question : *Utilisez-vous les Apocryphes ?*

Réponse : Pas dans mon enseignement. J'en ai plusieurs volumes à la maison. Ils ne sont pas plus importants que les soixante-six livres de notre Bible actuelle. Ils racontent simplement la même vérité d'une manière différente. Par exemple, on raconte que Jésus, alors qu'il était un jeune garçon, regardait des enfants fabriquer des oiseaux avec de la boue. Tenant les oiseaux dans leurs mains, ils faisaient semblant de voler. Jésus s'approcha et fit tomber les oiseaux de leurs mains. Alors qu'ils commençaient à pleurer, il ramassa l'un des oiseaux brisés et le remodela. Le tenant en l'air, il souffla dessus et l'oiseau s'envola.

Voici l'histoire de quelqu'un qui est venu briser les idoles dans l'esprit des hommes, puis leur montrer comment utiliser la même substance et la remodeler en une belle forme pour lui donner vie. C'est ce que cette histoire tente de transmettre. « Je ne suis pas venu apporter la paix, mais une épée. La vérité tue toutes les petites poules de boue de l'esprit ; elle tue les illusions et les remodèle en un nouveau modèle qui libère l'homme ».

33. Question : *Si Jésus était un personnage fictif créé par les auteurs bibliques dans le but d'illustrer certains drames psychologiques, comment expliquer que lui et sa philosophie soient mentionnés dans l'histoire non religieuse et non chrétienne de l'époque ? Ponce Pilate et Hérode n'étaient-ils pas des fonctionnaires romains en chair et en os en ce temps ?*

Réponse : L'histoire de Jésus est identique à celle du sauveur hindou Krishna. Il s'agit des mêmes personnages psychologiques. Tous deux sont censés être nés de mères vierges. Les dirigeants de l'époque ont cherché à les détruire lorsqu'ils étaient enfants. Tous deux ont guéri des malades, ressuscité des morts, enseigné l'évangile de l'amour et sont morts en martyrs pour l'humanité. Les hindous comme les chrétiens croient que leur sauveur est Dieu fait homme.

Aujourd'hui, les gens citent Socrate, mais la seule preuve que Socrate ait jamais existé se trouve dans les œuvres de Platon. On dit que Socrate a bu la ciguë, mais je vous pose la question : qui est Socrate ? Un jour, j'ai cité une phrase de Shakespeare et une dame m'a dit : « Mais c'est Hamlet qui a dit ça. » Hamlet ne l'a jamais dit, Shakespeare a écrit les vers et mis les mots dans la bouche d'un personnage qu'il a créé et nommé Hamlet. Saint Augustin a dit un jour : « Ce qu'on appelle aujourd'hui la religion chrétienne existait chez les anciens. Ils ont commencé à appeler le christianisme la vraie religion, alors qu'elle n'a jamais existé ».

34. Question : *Utilisez-vous des affirmations et des dénégations ?*

Réponse : Laissons de côté ces écoles de pensée qui utilisent des affirmations et des dénégations. La meilleure affirmation, et la seule efficace, est une assomption qui implique en elle-même la négation de l'état antérieur.

Le meilleur déni est l'indifférence totale. Les choses s'étiolent et meurent dans l'indifférence. C'est l'attention qui les maintient en vie. On ne nie pas une chose en disant qu'elle n'existe pas. Au contraire, vous y mettez du sentiment en la reconnaissant, et ce que vous reconnaissez comme vrai est vrai pour vous, que ce soit bon, mauvais ou indifférent.

35. Question : *Est-il possible de paraître mort sans l'être ?*

Réponse : Le général Lee est censé être né deux ans après que sa mère, que l'on croyait morte, a été enterrée vivante. Heureusement pour elle, elle n'a pas été embaumée ou ensevelie sous la terre, mais dans un caveau où quelqu'un l'a entendue crier et l'a libérée. Deux ans plus tard, Mme Lee a donné naissance à un fils qui est devenu le général Lee. Cela fait partie de l'histoire de ce pays.

36. Question : *Comment quelqu'un ayant été défavorisé dans sa jeunesse peut-il réussir dans la vie ?*

Réponse : Nous sommes des créatures d'habitudes, formant des schémas mentaux qui se répètent encore et encore. Bien que l'habitude agisse comme une loi contraignante qui pousse à répéter les schémas, ce n'est pas une loi, car vous et moi pouvons changer les schémas. De nombreux hommes ayant réussi dans la vie tels que Henry Ford, Rockefeller et Carnegie ont été privés d'éducation dans leur jeunesse. Beaucoup de grands noms de ce pays sont issus de familles pauvres, mais ils ont laissé derrière eux de grandes réalisations dans le monde politique, artistique et financier.

Un soir, un de mes amis a assisté à une réunion de jeunes publicitaires. L'orateur de la soirée a dit aux jeunes personnes présentes : « Je n'ai qu'une chose à vous dire ce soir, c'est de vous faire grand et vous ne pourrez pas échouer. »

Prenant un bocal ordinaire, il le remplit de deux sacs, l'un de noix anglaises et l'autre de petits haricots. Il les mélangea avec sa main et commença à secouer le bocal en disant : « Ce bocal, c'est la vie. Vous ne pouvez pas arrêter de le secouer, car la vie est un rythme constant, vivant, mais regardez… » Et sous le regard du public, les grosses noix montèrent au sommet du bol tandis que les petits haricots tombaient au fond.

Regardant dans le bol, l'homme demanda : « Lequel d'entre vous se plaint et demande pourquoi ? » Puis il ajouta : « N'est-ce pas étrange ? Le son vient du bol et non de l'extérieur. Un haricot se plaint que s'il avait eu le même environnement que la noix, il aurait lui aussi fait de grandes choses, mais il n'en a jamais eu l'occasion. » Il prit ensuite un petit haricot qui se trouvait au fond du bol et le plaça sur le dessus en disant : « Je peux déplacer le haricot par ma seule force, mais je ne peux pas empêcher le bol de vie de trembler », et lorsqu'il secoua le bol, le petit haricot tomba à nouveau au fond.

Entendant une autre voix se plaindre, il demanda : « Qu'est-ce que j'entends ? Vous dites que je devrais prendre l'un de ces grands gaillards qui se croient si grands et le mettre au bas de l'échelle pour voir ce qui lui arrive ? Vous croyez qu'il sera aussi limité que vous parce qu'il sera privé de la possibilité de faire de grandes choses, tout comme vous ? Voyons voir ».

L'orateur prit l'une des grosses noix et la poussa jusqu'au fond du bol en disant : « Je ne peux toujours pas empêcher le bol de trembler », et sous le regard du public, la grosse noix remonta au sommet. L'orateur dit alors : « Messieurs, si vous voulez vraiment réussir dans la vie, faites-vous grands ».

Mon ami a pris ce message à cœur et a commencé à penser qu'il était un homme d'affaires prospère. Aujourd'hui, il est vraiment un grand homme si l'on juge son succès en termes de dollars. Il emploie aujourd'hui plus de mille personnes dans la ville de New York.

Chacun d'entre vous peut faire ce qu'il a fait. Assumez que vous êtes ce que vous désirez être. Marchez dans cette assomption et elle se transformera en réalité.

L'Échec

Tiré de : Le pouvoir de la Conscience

Par Neville Goddard

Ce livre ne serait pas complet s'il n'abordait pas la question de l'échec dans l'utilisation de la loi de l'assomption. Il est tout à fait possible que vous ayez connu ou que vous connaissiez un certain nombre d'échecs à ce niveau, souvent dans des circonstances très difficiles. Si, après avoir lu ce livre et après avoir acquis une connaissance approfondie de la méthode d'application et de fonctionnement de la loi de l'assomption, vous l'appliquez fidèlement dans le but de réaliser un désir intense et que vous échouez, quelle en est la raison ? Si, à la question "Avez-vous suffisamment persisté ?", vous pouvez répondre par l'affirmative et que votre désir ne s'est toujours pas réalisé, quelle est la raison de cet échec ?

La réponse à cette question est le facteur le plus important dans l'utilisation réussie de la loi de l'assomption.

Le temps qu'il faut à votre assomption pour devenir une réalité, à votre désir pour se réaliser, est directement proportionnel au niveau de naturel du sentiment que vous avez d'être déjà ce que vous voulez être – d'avoir déjà ce que vous désirez. Le fait qu'il ne vous semble pas naturel d'être ce que vous vous imaginez être est le secret de votre échec. Quel que soit votre désir, quelle que soit la fidélité et l'intelligence avec lesquelles vous suivez la loi, si vous ne sentez pas de naturel à être ce que vous voulez être, vous n'y parviendrez pas. S'il ne vous semble pas naturel d'obtenir un meilleur emploi, vous ne l'obtiendrez pas. L'ensemble du principe est exprimé de manière frappante par la phrase de la Bible "vous mourez dans vos péchés" – vous ne vous élevez pas de votre niveau actuel à l'état désiré.

Comment obtenir ce sentiment de naturel ? Le secret tient en un mot : l'imagination. Voici, par exemple, une illustration très simple : supposez que vous soyez solidement enchaîné à un grand et lourd banc de fer. Vous ne pouvez pas courir, vous ne pouvez même pas marcher. Dans de telles circonstances, il est normal que vous ne puissiez tout simplement pas courir. Vous ne pourriez même pas retrouver la sensation que vous couriez naturellement. Mais vous pouvez facilement vous imaginer en train de courir. À cet instant, alors que votre conscience est pleine de votre course imaginée, vous avez oublié que vous étiez attaché. En imagination, votre course était tout à fait naturelle.

Le sentiment indispensable de naturel peut être atteint en remplissant continuellement avec persévérance, sa conscience d'imagination – en s'imaginant être ce que l'on veut être ou avoir ce que l'on désire.

Le progrès ne peut naître que de votre imagination, de votre désir de dépasser votre niveau actuel. Ce que vous devez vraiment et littéralement ressentir, c'est qu'avec votre imagination, tout est possible. Vous devez comprendre que les changements ne sont pas dus au hasard, mais à un changement de conscience. Il se peut que vous ne parveniez pas à atteindre ou à maintenir l'état de conscience nécessaire pour produire l'effet désiré. Mais une fois que vous savez que la conscience est la seule réalité et le seul créateur de votre monde individuel et que vous avez gravé cette vérité dans tout votre être, vous savez alors que le succès ou l'échec est entièrement entre vos mains.

Que vous soyez ou non suffisamment discipliné pour maintenir l'état de conscience nécessaire dans des cas spécifiques n'a aucune relation avec la vérité de la loi elle-même — à savoir qu'une assomption, si elle persiste, se concrétisera dans les faits. La certitude de la vérité de cette loi doit demeurer malgré les grandes déceptions et les tragédies — même lorsque vous "voyez la lumière de la vie s'éteindre et le monde entier continuer comme s'il faisait encore jour". Vous ne devez pas croire que, parce que votre affirmation ne s'est pas concrétisée, la réalité de la concrétisation des affirmations est un mensonge. Si vos assomptions ne se réalisent pas, c'est à cause d'une erreur ou d'une faiblesse de votre conscience. Cependant, ces erreurs et ces faiblesses peuvent être surmontées. C'est pourquoi vous devez vous efforcer d'atteindre des niveaux toujours plus élevés en pensant que vous êtes déjà la personne que vous voulez être.

Et rappelez-vous que le temps nécessaire pour que votre assomption devienne réalité est proportionnel à votre ressenti de naturel à l'égard de celle-ci. L'homme fait en sorte de s'entourer de la véritable image de lui-même. Chaque esprit se construit une maison, et au-delà de sa maison, un monde, et au-delà de son monde, un "paradis". Sachez donc que le monde existe pour vous. Pour vous, le phénomène est parfait. Ce que nous sommes, nous seuls pouvons le voir. Tout ce qu'Adam avait, tout ce que César pouvait, vous l'avez et pouvez le faire.

« Adam appelait sa maison le ciel et la terre. César appelait sa maison Rome ;

vous appelez peut-être la vôtre un commerce de cordonnier ; cent arpents de terre,

ou le studio de l'étudiant. Pourtant, ligne par ligne et point par point, votre

domination est aussi grande que la leur, bien qu'elle n'ait pas une aussi belle

appellation. Construisez donc votre propre monde. Dès que vous conformerez votre

vie à l'idée parfaitement claire que vous avez dans l'esprit, c'est là que se révèlera

sa grandeur. »

– Emerson –

Soyez ce que vous désirez être, soyez ce en quoi vous croyez

Entretien radiophonique, station KECA, Los Angeles, juillet 1951.

Un journaliste m'a raconté que notre éminent scientifique, Robert Millikan, lui a dit un jour qu'il s'était fixé très jeune un objectif, alors qu'il vivait encore dans la pauvreté et n'avait pas fait ses preuves dans la grande œuvre qu'il serait amené à accomplir plus tard. Il a condensé son rêve de grandeur et de prospérité en une simple déclaration, qui impliquait que son rêve de grandeur et de prospérité était déjà réalisé. Il s'est ensuite répété cette phrase encore et encore jusqu'à ce que l'idée de grandeur et de prospérité envahisse son esprit et chasse toutes les autres idées de sa conscience. Ce ne sont peut-être pas les mots du Dr Millikan, mais ce sont ceux qui m'ont été donnés, et je les cite :

— « Je dispose d'un revenu abondant, régulier et fiable, conforme à l'intégrité et à l'intérêt mutuel ».

Comme je l'ai dit à maintes reprises, tout dépend de notre attitude envers nous-mêmes. Ce que nous n'affirmons pas comme vrai de nous-mêmes ne peut se manifester dans notre vie. Le Dr Millikan a écrit son rêve de grandeur et de prospérité à la première personne, au présent. Il n'a pas dit : « Je serai grand, je serai prospère », car cela aurait impliqué qu'il n'était pas grand et prospère. Au contraire, il a fait de son rêve futur un fait présent. « J'ai, dit-il, un revenu abondant, régulier et fiable, conforme à l'intégrité et à l'intérêt mutuel ».

Le rêve futur doit devenir un fait présent dans l'esprit de celui qui cherche à le réaliser. Nous devons vivre en imagination ce que nous vivrions dans la réalité si nous atteignions notre but, car l'âme qui s'imagine dans une situation assume les résultats de cet acte imaginaire. Si elle ne s'imagine pas dans une situation, elle est toujours libre du résultat.

Le but de cet enseignement est de nous conduire à un état de conscience plus élevé, d'inciter ce qu'il y a de plus élevé en nous à la confiance et à l'affirmation de soi, car ce qui suscite ce qu'il y a de plus élevé en nous est notre enseignant et notre guérisseur. Le tout premier mot de l'amélioration ou de la guérison est toujours « Lève-toi ». Si nous voulons comprendre la raison de ce commandement constant de la Bible de « se lever », nous devons reconnaître que l'univers compris intérieurement est une série infinie de niveaux et que l'homme est ce qu'il est en fonction de l'endroit où il se trouve dans cette série. Lorsque nous nous élevons dans la conscience, notre monde se remodèle en harmonie avec le niveau auquel nous nous élevons. Celui qui se relève de sa prière en étant un homme meilleur a vu sa prière exaucée.

Pour changer l'état actuel, nous devons, comme le Dr Millikan, nous élever à un niveau de conscience supérieur. Cette élévation s'accomplit en affirmant que nous sommes déjà ce que nous désirons être ; en assumant le sentiment du souhait réalisé. Le déroulement de la vie est un déroulement psychologique que nous faisons advenir par nos attitudes plutôt que par nos actes. Il n'y a pas d'issue à notre situation actuelle sans une transformation psychologique radicale. Tout dépend de notre attitude envers nous-mêmes. Ce que nous ne voulons pas affirmer comme vrai de nous-mêmes ne se développera pas dans notre vie.

Nous entendons souvent parler de l'homme humble, de l'homme doux – mais qu'entend-on par homme doux ? Il n'est pas pauvre et rampant, comme on le conçoit généralement. Les hommes qui se font vermisseaux à leurs propres yeux ont perdu la vision de cette vie, parce que le véritable but de l'esprit est de transformer cette vie. Les hommes ne doivent pas voir la vie telle qu'elle est ; ils doivent oser assumer qu'ils ont plus, tels le Dr Millkan, qui, bien que pauvre, a osé clamer : « J'ai un revenu abondant, régulier et fiable, conforme à l'intégrité et à l'intérêt mutuel ». De tels hommes sont les doux de l'Évangile, les hommes qui héritent de la terre. Toute conception de soi inférieure à ce qui se fait de mieux nous prive de la terre. La promesse est la suivante : « Heureux les doux, car ils hériteront de la terre. »

Dans le texte original, le mot traduit par doux est l'opposé des mots « rancune » et « colère ». Il signifie que l'on devient « apprivoisé », comme on apprivoise un animal sauvage. Une fois l'esprit dompté, il peut être comparé à une vigne, dont on peut dire : « Voyez cette vigne. Je l'ai trouvée comme un arbre sauvage dont la force démesurée avait gonflé en rameaux irréguliers. Mais j'ai taillé la plante, et elle a poussé tempérée dans sa vaine dépense de feuilles inutiles, et s'est nouée comme vous le voyez en ces grappes nettes et pleines pour récompenser la main qui l'a sagement blessée. »

Un homme doux est un homme autodiscipliné. Il est discipliné à un point qu'il ne voit que le meilleur, qu'il ne pense qu'au meilleur. Il est celui qui répond à la suggestion : « Que tout ce qui est vrai, tout ce qui est honorable, tout ce qui est juste, tout ce qui est pur, tout ce qui est aimable, tout ce qui mérite l'approbation, ce qui est vertueux et digne de louange, soit l'objet de vos pensées »

Nous nous élevons à un niveau de conscience plus élevé, non pas parce que nous avons réfréné nos passions, mais parce que nous avons cultivé nos vertus. En vérité, un homme doux est un homme qui maîtrise parfaitement ses émotions, et ses émotions sont les plus élevées, car il sait qu'il doit garder une attitude, une émotion, une humeur élevée s'il veut marcher avec les plus élevés.

Je crois que tous les hommes peuvent, à l'image du Dr Millikan, changer le cours de leur vie. Je crois que la technique du Dr Millikan, qui consiste à faire de son désir un fait présent pour lui-même, est d'une grande importance pour tout chercheur de la « vérité ». C'est aussi son objectif élevé d'être « mutuellement bénéfique », ce qui est inévitablement le but de chacun d'entre nous. Il est beaucoup plus facile d'imaginer le bien de tous que d'être purement égoïste dans notre imagination. Par notre imagination, par nos affirmations, nous pouvons changer notre monde, nous pouvons changer notre avenir. Pour l'homme aux objectifs élevés, pour l'homme discipliné, il s'agit d'une mesure naturelle, alors devenons tous des hommes disciplinés.

Dimanche prochain, le 15 juillet, je prendrai la parole en tant qu'invité du Dr. Bailes à 10h30 au Fox Wilshire Theater sur Wilshire Boulevard, près de La Cienega. Mon sujet pour dimanche prochain est « Changer votre avenir ». C'est un sujet qui nous tient tous à cœur. J'espère que vous viendrez tous dimanche pour apprendre comment être l'homme discipliné, l'homme doux, qui « change son avenir » au profit de son prochain.

Si vous êtes observateur, vous remarquerez l'écho rapide ou la réponse à votre humeur dans ce message et vous pourrez l'associer aux circonstances de votre vie quotidienne. Lorsque nous sommes certains de la relation entre l'humeur et les circonstances de notre vie, nous accueillons ce qui nous arrive. Nous savons que tout ce que nous rencontrons fait partie de nous-mêmes. Dans la création d'une nouvelle vie, nous devons commencer par le commencement, par un changement d'humeur. Chaque état d'esprit de l'homme est l'ouverture d'une porte vers un niveau supérieur. Modelons notre vie sur un état d'esprit élevé ou sur une communauté d'états d'esprit élevés. Les individus, comme les communautés, grandissent spirituellement dans la mesure où ils s'élèvent vers un idéal plus élevé. Si leur idéal est abaissé, ils sombrent dans les profondeurs ; si leur idéal est exalté, ils s'élèvent à des hauteurs inimaginables.

Nous devons garder une humeur élevée si nous souhaitons marcher avec les plus élevés ; les hauteurs, elles aussi, ont été conçues pour être habitées. Toutes les formes d'imagination créatrice impliquent des éléments de sentiment. Le sentiment est le ferment sans lequel aucune création n'est possible. Il n'y a rien de mal à vouloir transcender notre état actuel. Il n'y aurait aucun progrès dans ce monde si l'homme n'était pas insatisfait de lui-même. Il est naturel que nous recherchions une vie personnelle plus belle ; il est juste que nous souhaitions une plus grande compréhension, une meilleure santé, une plus grande sécurité financière. Le seizième chapitre de l'Évangile de saint Jean dit : « Jusqu'à présent, vous n'avez rien demandé en mon nom ; demandez et vous recevrez, afin que votre joie soit complète. »

L'humanité a besoin d'un renouveau spirituel, mais par renouveau spirituel, j'entends une véritable attitude religieuse, dans laquelle chaque individu accepte de relever le défi d'incarner une valeur nouvelle et plus élevée de lui-même, comme l'a fait le Dr Millikan. Une nation ne peut pas faire preuve d'une plus grande sagesse dans la foule que celle qu'elle génère dans ses unités. C'est pourquoi j'ai toujours prêché l'auto-assistance, sachant que si nous nous efforçons passionnément d'atteindre ce type d'auto-assistance, c'est-à-dire d'incarner un concept nouveau et plus élevé de nous-mêmes, alors toutes les autres formes d'aide seront à notre service.

L'idéal que nous servons et que nous espérons atteindre est prêt pour une nouvelle incarnation ; mais à moins que nous ne lui offrions une filiation humaine, il est incapable de naître. Nous devons affirmer que nous sommes déjà ce que nous espérons être et vivre comme si nous l'étions, sachant, comme le Dr Millikan, que notre assomption, bien que fausse pour le monde extérieur, si elle persiste, se concrétisera en fait.

L'homme parfait ne juge pas selon les apparences, il juge avec droiture. Il se voit lui-même et voit les autres tels qu'il veut qu'ils soient. Il entend ce qu'il veut entendre. Il ne voit et n'entend que le bien. Il connaît la vérité, et la vérité le libère et le conduit au bien.

La vérité libérera toute l'humanité. C'est notre réveil spirituel. Le caractère est en grande partie le résultat de l'orientation et de la persistance de l'attention volontaire.

« Pense vraiment, et tes pensées nourriront la famine du monde ; Parle vraiment, et chacune de tes paroles sera une semence féconde ; Vis vraiment, et ta vie sera un grand et noble credo ».

Publications
des éditions La Voix de Soie

Sahra Devi Audiobooks

https://soundcloud.com/sahradevi

En vente sur : Amazon, Audible, Kobo,
Book d'Oreille, Youboox, Youtube

Livres numériques et versions audio

- *En famille, par Hector Malot*

- *Agnès Grey, par Anne Brontë*

- *L'homme est ce qu'il pense, par James Allen*

- *L'imagination crée la réalité suivi de l'Emotion est le secret, par Neville Goddard*

- *La vie des abeilles, par Maurice Maeterlinck*

- *L'intelligence des fleurs, par Maurice Maeterlinck*

- *Les vibrations de la pensée par William Walker Atkinson*

- *Cinq Leçons, le cours pratique 1948, par Neville Goddard*

La Voix de Soie